SENI DAN PENGUASAAN ROTI YANG SERIUS SEDAP

Mencipta 100 Keajaiban Panggang untuk Mengubah Roti Harian Anda

Muhammad Zarith bin Amsyar Mu

Bahan Hak Cipta ©2023

Hak cipta terpelihara

Tiada bahagian buku ini boleh digunakan atau dihantar dalam apa jua bentuk atau dengan sebarang cara tanpa kebenaran bertulis yang sewajarnya daripada penerbit dan pemilik hak cipta, kecuali petikan ringkas yang digunakan dalam semakan . Buku ini tidak boleh dianggap sebagai pengganti nasihat perubatan, undang-undang atau profesional lain.

ISI KANDUNGAN

ISI KANDUNGAN 3
PENGENALAN 6
ROTI BAKAR 7
   1. Tumis Toast Swiss Chard 8
   2. Avokado, telur & Roti Bakar Ezekiel 10
   3. Roti Bakar Lobak dan Avokado 12
   4. Roti bakar mikrohijau sosej & Bunga Matahari 14
   5. Roti Bakar Avokado Berlapis 16
   6. Roti Bakar Tomato dan Avocado yang dijemur matahari 18
   7. Roti Bakar Tomato Avokado dan Ceri 20
   8. Hummus dan Roti Bakar Lada Merah Panggang 22
   9. Roti Bakar Pesto dan Tomato Ceri 24
   10. Tumis Bayam dan Roti Bakar Feta 26
   11. Roti Bakar Cendawan dan Thyme 28
   12. Roti Bakar Caprese 30
   13. Roti Bakar Yogurt Timun dan Dill 32
   14. Kentang Manis dan Roti Bakar Keju Kambing 34
ROTI BAKAR DIATAS MAKANAN LAUT 36
   15. Udang a la Plancha di atas Saffron Allioli Toasts 37
   16. Roti bakar salmon dengan Asparagus dan telur 41
   17. Salmon salai dan Keju Krim pada Roti Bakar 43
   18. Roti Bakar Avokado Udang 45
   19. Roti Bakar Salad Ketam 47
   20. Roti Bakar Tuna dan Avocado 49
   21. Roti Bakar Udang Cajun 51
   22. Roti Bakar Udang Galah dan Avocado 53
   23. Roti Bakar Sardin dan Tomato 55
   24. Roti Bakar Tuna Pedas dan Sriracha Mayo 57
ROTI BAKAR BUAH-BUAHAN 59
   25. Roti Bakar Ara 60
   26. Roti Bakar Avocado Grapefruit 62
   27. Roti Bakar Buah Naga dan Avocado 64
   28. Roti Bakar Buah Naga dan Mentega Badam 66
   29. Roti Bakar Delima-Badam 68
ROTI BAKAR BERAPI KEJU 70
   30. Roti Bakar Pudina dan Ricotta 71
   31. Roti bakar pizza 73
   32. Roti Bakar Ricotta Grapefruit 75
   33. Roti Bakar Ricotta dan Madu 77
   34. Keju pada Roti Bakar 79
   35. Roti Bakar Feta dan Olive Tapenade 81
ROTI BAKAR DAGING 83
   36. Ham Berkrim Pada Roti Bakar 84
   37. Roti Bakar Avokado Bacon dengan Sayur-sayuran Mikro Lobak Merah 86

38. Roti Bakar Sosej dan Cendawan ...89
39. Roti Bakar Turki dan Cranberry ...91
40. Roti Bakar Steak dan Keju Biru ...93
41. Roti Bakar Bacon dan Avocado ...95
42. Roti Bakar Ham dan Nanas ...97
43. Roti Bakar Ayam dan Pesto ...99

TOAST PERANCIS ...101
44. Roti Bakar Perancis Berempah Chai ...102
45. Roti Bakar Perancis Kayu Manis Klasik ...104
46. Roti Bakar Perancis Rhubarb ...106
47. Roti Bakar Perancis Prosecco ...108
48. Roti Bakar Perancis Mocha ...110
49. Roti Bakar Perancis Berry dan Keju Krim ...112
50. Roti Bakar Perancis Lemon Ricotta ...114
51. Apple Karamel French Toast ...116
52. Toast Toast Perancis dengan Dadih Tangerine ...118
53. Roti Bakar Perancis Berkulit Emping Jagung ...120
54. Roti Bakar Perancis Buah Markisa ...122
55. Roti Bakar Perancis Limoncello Bakar ...124
56. Roti Bakar Perancis Piña Colada ...126
57. Roti Bakar Perancis Nanas Bakar dan Kelapa ...128
58. Kiwi French Toast ...130
59. Toast Perancis Blueberry Berapi Kayu ...132
60. Toast Perancis Gula-gula Sarang Lebah ...134
61. Dalgona French Toast ...136
62. Pavlova French Toast ...138
63. Nutella dan Cinnamon French Toast Rolls ...140
64. Roti Bakar Perancis Black Forest ...142
65. Strawberi Cheesecake French Toast ...145
66. Toast Perancis PB&J ...147
67. Toblerone French Toast ...149
68. Roti Bakar Perancis Oreo ...151
69. Nutella French Toast ...153
70. Roti Bakar Perancis S'mores ...155
71. Marshmallow French Toast Rolls ...157
72. Karamel Masin dan Roti Bakar Perancis Pecan ...159
73. Toast Perancis Mascarpone Blueberry ...161
74. Roti Bakar Perancis Dibalut Bacon ...163
75. Açaí French Toast Bites ...165
76. Roti bakar Perancis Lemonade Merah Jambu ...167
77. Lasagna Toast Perancis Apple ...169
78. Wonton French Toast ...171
79. Roti Bakar Perancis Peach dan Keju Krim ...173
80. Roti Bakar Perancis wain merah ...175
81. Roti Bakar Perancis Sumbat Ube ...177
82. Roti Bakar Perancis Red Velvet ...179

83. Soufflé Toast Perancis 181
84. Roti Bakar Perancis Sumbat Cannoli 183
85. Roti Bakar Perancis Bakar Dulang Dengan Dadih Yuzu 185
86. Roti bakar Perancis yang dibakar epal kayu manis 188
87. Roti Bakar Putar Perancis Cranberry Bakar 190
88. Krim Blueberry dengan Toast Perancis 192
89. Pai Labu Toast Perancis 194
90. Roti Bakar Perancis Bakar Biji Popi Lemon 196
91. Roti Bakar Perancis dengan Nanas & Keju 198
92. Roti bakar Perancis ham dan keju swiss 200
93. Roti bakar Perancis kismis bakar 202
94. Roti bakar french nog telur bakar 204
95. Roti Bakar Perancis Kahlua 206
96. Roti Bakar Perancis Peach Jack Daniel 208
97. Amaretto French Toast 210
98. Roti Bakar Perancis Berduri Bailey 212
99. Roti Bakar Perancis Grand Marnier 214
100. Roti Bakar Perancis Rum dan Kelapa 216

PENUTUP **218**

PENGENALAN

Dalam buku masakan ini, kami menjemput anda untuk melakukan perjalanan melangkaui sarapan pagi biasa dan mempelajari rahsia membuat roti bakar yang sangat lazat—setiap hidangan gabungan perisa, tekstur dan keseronokan masakan yang lazat. Bayangkan bangun tidur dengan bau roti yang baru dibakar, mengetahui bahawa hari anda akan bermula dengan karya agung berinspirasikan roti bakar yang menarik. Buku ini bukan sekadar senarai resipi; ia adalah perayaan keajaiban yang berlaku apabila anda menggabungkan kesederhanaan dengan kreativiti, menjadikan pembakar roti sebagai satu bentuk seni.

"SENI DAN PENGUASAAN ROTI YANG SERIUS SEDAP" menggalakkan anda mencuba pelbagai perisa, daripada klasik hingga berani. Bayangkan kemungkinan yang tidak berkesudahan—avokado dan telur rebus, kayu manis dengan kacang madu, atau adunan lazat salmon salai dan keju krim. Buku masakan ini ialah panduan anda untuk menemui keajaiban yang tersembunyi dalam sekeping roti yang ringkas.

Sambil anda meneroka roti bakar yang sangat sedap, bersiap sedia untuk memahami butiran pembakar yang sempurna. Ketahui keseimbangan halus antara rangup dan lembut, campuran manis dan savuri, dan kegembiraan menjadikan roti harian anda sebagai karya kulinari. Sama ada anda seorang tukang masak yang berpengalaman atau hanya suka sarapan pagi, halaman ini menjemput anda untuk menjadikan pagi anda istimewa.

Jadi, ikutilah perjalanan yang penuh rasa ini, di mana roti bakar yang sangat sedap menjadi kanvas untuk kreativiti masakan anda. Semoga dapur anda dipenuhi bukan sahaja dengan bau roti yang baru dibakar tetapi juga dengan kegembiraan dan kreativiti yang datang dengan setiap gigitan. Biarkan seni dan penguasaan roti bakar yang sangat baik menambah sedikit keajaiban pada sarapan pagi anda, mencipta detik-detik kebahagiaan yang kekal walaupun selepas suapan terakhir.

Sambil anda menyelak halaman, biarkan pengembaraan bermula—perjalanan yang melampaui biasa dan mengubah setiap hari menjadi sesuatu yang luar biasa. Ceria pada pagi yang penuh dengan seni dan penguasaan roti bakar yang sangat sedap!

ROTI SAYANG DIATAS VEGGIE

1. Tumis Toast Swiss Chard

BAHAN-BAHAN:
- hirisan roti
- Minyak zaitun
- Keju krim
- 1 biji bawang, dihiris
- 1 ulas bawang putih, dihiris
- 1 tandan daun chard Swiss, dibilas, dengan batang putih dikeluarkan, dan dicincang
- Serpihan lada cili (pilihan)
- Lada hitam

ARAHAN:

a) Panaskan minyak zaitun dalam kuali tumis besar di atas api sederhana. Masukkan bawang yang dihiris dan masak, kacau kerap, sehingga ia menjadi perang sedikit, yang sepatutnya mengambil masa kira-kira 10 minit.

b) Perasakan bawang dengan secubit garam.

c) Masukkan serpihan bawang putih dan lada sulah (jika guna) dan masak selama kira-kira 30 saat sehingga naik bau.

d) Kemudian, timbunkan Swiss chard yang dicincang di atas, tutup kuali jika boleh, dan masak selama 4 hingga 5 minit atau sehingga daun chard mula layu.

e) Buka penutup kuali, gunakan penyepit untuk menyusun semula daun, dan teruskan memasak chard sehingga sebarang cecair dalam kuali menguap. Sesuaikan perasa dengan garam dan lada sulah mengikut keperluan. Ketepikan adunan ini.

f) Sapu hirisan roti dengan minyak zaitun dan bakar sebentar di dalam ketuhar sehingga menjadi sedikit garing.

g) Sapukan lapisan keju krim pada hirisan roti panggang hangat, dan kemudian atasnya dengan daun chard Swiss yang telah dimasak. Taburkan dengan lada hitam tambahan untuk rasa tambahan.

2. Avokado, telur & Roti Bakar Ezekiel

BAHAN-BAHAN:
- 4 keping roti Yehezkiel
- 1 sudu besar minyak zaitun
- 4 biji telur besar
- 2 buah alpukat masak kecil, dibiji dan dikupas
- Garam kosher dan lada hitam secukup rasa
- 2 sudu besar jus lemon
- Acar bawang merah

ARAHAN:
a) Dalam kuali nonstick yang besar, panaskan minyak di atas api yang sederhana tinggi.
b) Letakkan kepingan roti di atas loyang dan bakar sehingga perang keemasan di kedua-dua belah.
c) Panaskan minyak dalam kuali yang sama disediakan dengan api sederhana rendah.
d) Pecahkan telur ke dalam kuali dan masak selama 6-8 minit, atau sehingga putih ditetapkan dan kuning masak mengikut pilihan anda.
e) Sementara itu, tumbuk alpukat dengan garam, lada sulah dan jus lemon di atas pinggan cetek.
f) Untuk meletakkan roti bersama, taburkan satu sudu teh alpukat tumbuk di atasnya.
g) Perasakan dengan secubit garam dan lada sulah yang baru dikisar dan di atasnya dengan 1 biji telur goreng. Nikmati dengan jeruk bawang merah di sebelah!

3. Roti Bakar Lobak dan Avokado

BAHAN-BAHAN:
- 2 keping roti gandum, dibakar
- 1 buah alpukat masak, tumbuk
- 4-6 lobak, dihiris nipis
- Garam dan lada sulah secukup rasa

ARAHAN:
a) Sapukan alpukat tumbuk rata pada hirisan roti bakar.
b) Teratas dengan hirisan lobak.
c) Taburkan dengan garam dan lada sulah.
d) Nikmati sebagai sandwic muka terbuka.

4. Roti bakar mikrohijau sosej & Bunga Matahari

BAHAN-BAHAN:
- 1 buah avokado masak besar
- 1 pautan sosej, dicincang
- 2 keping roti kegemaran anda, dibakar
- 1 biji limau nipis
- Garam Laut Himalaya
- 4 biji tomato ceri, belah dua
- Segenggam mikro hijau bunga matahari
- 1 ½ sudu besar minyak zaitun
- Biji rami

ARAHAN:

a) Kupas dan potong alpukat anda. Tumbuk alpukat dengan belakang garpu di atas papan pemotong.

b) Perahkan setengah limau nipis ke dalam alpukat, perasakan dengan garam dan lada sulah, dan tumbuk semuanya dengan garpu.

c) Panaskan ½ sudu besar minyak zaitun dalam kuali kecil. Masukkan sosej. Masak hingga keperangan perlahan-lahan, kemudian angkat dari api dan ketepikan.

d) Sapu sedikit kuantiti minyak zaitun pada satu sisi setiap keping roti sebelum dipasang.

e) Bahagikan adunan alpukat antara dua keping roti. Masukkan tomato dan sosej.

f) Selesai dengan taburan biji rami, perahan jus limau nipis dan sayur-sayuran mikro kegemaran anda.

5. Roti Bakar Avokado Berlapis

BAHAN-BAHAN:
- 1 sudu besar mentega tanpa tenusu
- 4 auns tauhu lebih pejal, toskan dan ditekan
- ¼ sudu teh garam hitam
- ¼ sudu teh serbuk bawang
- Secubit kunyit
- 1 buah alpukat
- Secubit lada hitam yang dikisar
- 1 sudu teh jus limau nipis
- 2 keping roti bijirin bercambah

ARAHAN:
a) Masukkan mentega ke dalam kuali dan panaskan dengan api yang sederhana tinggi. Hancurkan tauhu ke dalam kuali. Taburkan dengan garam, serbuk bawang, dan kunyit dan tumis selama kira-kira 4 minit, pastikan tauhu hancur kecil.

b) Dalam mangkuk kecil, tumbuk alpukat dengan lada dan jus limau nipis.

c) Roti bakar. Sapukan separuh daripada alpukat yang disediakan pada setiap keping roti bakar. Teratas dengan separuh tauhu yang disediakan pada setiap roti bakar. Potong roti bakar separuh pada sudut.

6.kering dan Roti Bakar Avokado

BAHAN-BAHAN:
- 2 keping roti, dibakar
- 1 buah alpukat masak, tumbuk
- 2 sudu besar tomato kering yang dicincang
- 1 sudu besar pasli segar yang dicincang
- Garam dan lada sulah secukup rasa

ARAHAN
a) Sapukan alpukat tumbuk di atas roti bakar.
b) Taburkan tomato kering matahari dan pasli di atas alpukat.
c) Perasakan dengan garam dan lada sulah.

7.Roti Bakar Tomato Avokado dan Ceri

BAHAN-BAHAN:
- 2 keping roti bijirin penuh
- 1 buah avokado masak
- 1 cawan tomato ceri, dibelah dua
- Garam dan lada sulah secukup rasa
- Serpihan lada merah (pilihan)
- Ketumbar segar atau pasli untuk hiasan

ARAHAN:
a) Bakar hirisan roti mengikut citarasa anda.
b) Tumbuk alpukat masak dan ratakan pada roti yang telah dibakar.
c) Teratas alpukat dengan tomato ceri separuh.
d) Perasakan dengan garam, lada sulah, dan kepingan lada merah jika mahu.
e) Hiaskan dengan daun ketumbar atau pasli segar.
f) Hidangkan segera dan nikmati!

8. Hummus dan Roti Bakar Lada Merah Panggang

BAHAN-BAHAN:
- 2 keping roti asam
- 1/2 cawan hummus
- 1/2 cawan lada merah panggang, dihiris
- Minyak zaitun untuk gerimis
- Daun selasih segar untuk hiasan
- Garam dan lada sulah secukup rasa

ARAHAN:
a) Bakar hirisan roti asam.
b) Sapukan lapisan hummus yang banyak pada setiap kepingan.
c) Teratas dengan hirisan lada merah panggang.
d) Taburkan dengan minyak zaitun dan perasakan dengan garam dan lada sulah.
e) Hiaskan dengan daun selasih segar.
f) Hidangkan dan nikmati hummus dan roti bakar lada merah panggang anda!

9. Roti Bakar Tomato Pesto dan Ceri

BAHAN-BAHAN:
- 2 keping roti ciabatta
- 1/4 cawan basil pesto
- 1 cawan tomato ceri, dibelah dua
- Balsamic glaze untuk gerimis
- Bebola mozzarella segar (pilihan)
- Daun selasih segar untuk hiasan
- Garam dan lada sulah secukup rasa

ARAHAN:
a) Bakar hirisan roti ciabatta.
b) Sapukan lapisan pesto basil pada setiap kepingan.
c) Teratas dengan tomato ceri separuh dan bebola mozzarella segar jika mahu.
d) Gerimis dengan sayu balsamic.
e) Perasakan dengan garam dan lada sulah.
f) Hiaskan dengan daun selasih segar.
g) Hidangkan segera dan rasai rasa yang lazat.

10. Tumis Bayam dan Roti Bakar Feta

BAHAN-BAHAN:
- 2 keping roti bijirin penuh
- 2 cawan bayam segar, dicuci dan dicincang
- 1 ulas bawang putih, dikisar
- 1/4 cawan keju feta, hancur
- kulit limau
- Minyak zaitun untuk menumis
- Garam dan lada sulah secukup rasa

ARAHAN:
a) Bakar hirisan roti bijirin penuh.
b) Dalam kuali, tumis bawang putih yang dikisar dalam minyak zaitun sehingga naik bau.
c) Masukkan bayam cincang ke dalam kuali dan tumis hingga layu.
d) Perasakan dengan garam dan lada sulah.
e) Sapukan bayam yang telah ditumis tadi ke atas roti yang telah dibakar tadi.
f) Hancurkan keju feta di atas.
g) Selesai dengan taburan kulit limau.

11. Roti Bakar Cendawan dan Thyme

BAHAN-BAHAN:
- 2 keping roti artisan
- 1 cawan cendawan, dihiris
- 1 sudu besar minyak zaitun
- 1 sudu teh daun thyme segar
- Garam dan lada sulah secukup rasa
- Keju Parmesan parut untuk topping

ARAHAN:
a) Bakar hirisan roti artisan.
b) Dalam kuali, panaskan minyak zaitun dan tumis hirisan cendawan sehingga ia lembut.
c) Perasakan dengan garam, lada sulah, dan daun thyme segar.
d) Sapukan cendawan tumis ke atas roti bakar.
e) Teratas dengan keju Parmesan parut.
f) Hidangkan dan nikmati roti bakar cendawan dan thyme anda!

12. Roti Bakar Caprese

BAHAN-BAHAN:
- 2 keping roti Itali
- 1 tomato masak besar, dihiris
- Keju mozzarella segar, dihiris
- Daun selasih segar
- Balsamic glaze untuk gerimis
- Garam dan lada sulah secukup rasa

ARAHAN:
a) Bakar hirisan roti Itali.
b) Susun hirisan tomato dan mozzarella secara berselang seli di atas roti bakar.
c) Selitkan daun selasih segar di antara hirisan tomato dan mozzarella.
d) Gerimis dengan sayu balsamic.
e) Perasakan dengan garam dan lada sulah.
f) Hidangkan segera dan rasai rasa roti bakar Caprese !

13. Roti Bakar Yogurt Timun dan Dill

BAHAN-BAHAN:
- 2 keping roti rai
- 1/2 cawan yogurt Yunani
- 1/2 biji timun, hiris nipis
- Dill segar, dicincang
- Jus lemon
- Garam dan lada sulah secukup rasa

ARAHAN:
a) Bakar hirisan roti rai.
b) Campurkan yogurt Yunani dengan dill segar yang dicincang.
c) Sapukan campuran yogurt dill ke atas roti panggang.
d) Susun timun yang dihiris nipis di atas.
e) Perahkan sedikit jus lemon ke atas timun.
f) Perasakan dengan garam dan lada sulah.
g) Hidangkan dan nikmati roti bakar yogurt timun dan dill yang menyegarkan!

14. Kentang Manis dan Roti Bakar Keju Kambing

BAHAN-BAHAN:
- 2 keping roti multigrain
- 1 ubi kecil, dihiris nipis dan dibakar
- 2 auns keju kambing
- Madu untuk gerimis
- Rosemary segar, dicincang
- Garam dan lada sulah secukup rasa

ARAHAN:
a) Bakar hirisan roti multigrain.
b) Sapukan lapisan keju kambing pada setiap kepingan.
c) Susun ubi yang dihiris nipis dan dibakar di atasnya.
d) Siram dengan madu.
e) Taburkan dengan rosemary cincang segar.
f) Perasakan dengan garam dan lada sulah.
g) Hidangkan segera dan nikmati gabungan manis dan lazat!

Roti Bakar DIATAS MAKANAN LAUT

15. Udang a la Plancha di atas Saffron Allioli Toasts

BAHAN-BAHAN:
ALLIOLI
- 1 secubit besar kunyit
- 1 biji kuning telur besar
- 1 ulas bawang putih, cincang halus
- 1 sudu teh garam halal
- 1 cawan minyak zaitun extra-virgin, sebaik-baiknya bahasa Sepanyol
- 2 sudu teh jus lemon, ditambah lagi jika perlu

UDANG
- Empat keping roti desa setebal ½ inci
- 2 sudu besar minyak zaitun extra-virgin berkualiti baik, sebaik-baiknya bahasa Sepanyol
- 1½ paun jumbo
- 20 kiraan udang kupas
- Garam kosher
- 2 biji limau nipis dibelah dua
- 3 ulas bawang putih, cincang halus
- 1 sudu teh lada hitam yang baru dikisar
- 1 cawan sherry kering
- 2 sudu besar pasli daun rata yang dicincang kasar

ARAHAN:

a) Buat aioli: Dalam set kuali kecil di atas api sederhana, bakar kunyit sehingga ia rapuh, 15 hingga 30 saat.

b) Letakkannya di atas pinggan kecil dan gunakan bahagian belakang sudu untuk menghancurkannya. Dalam mangkuk sederhana, masukkan kunyit, kuning telur, bawang putih, dan garam dan pukul dengan kuat sehingga sebati.

c) Mula menambah minyak zaitun beberapa titik pada satu masa, pukul dengan teliti antara penambahan, sehingga aioli mula menebal, kemudian gerimis baki minyak ke dalam campuran dalam aliran yang sangat perlahan dan mantap, pukul aioli sehingga ia pekat dan berkrim.

d) Masukkan jus lemon, rasa, dan sesuaikan dengan lebih banyak jus lemon dan garam mengikut keperluan. Pindahkan ke dalam mangkuk kecil, tutup dengan bungkus plastik dan sejukkan.

e) Buat roti bakar: Laraskan rak ketuhar ke kedudukan paling atas dan ayam daging ke tinggi. Letakkan kepingan roti pada lembaran pembakar berbingkai dan sapu kedua-dua belah roti dengan 1 sudu besar minyak.

f) Bakar roti sehingga perang keemasan, kira-kira 45 saat. Balikkan roti dan bakar bahagian yang lain (perhatikan ayam daging dengan teliti, kerana keamatan ayam daging berbeza-beza), selama 30 hingga 45 saat lebih lama. Keluarkan roti dari ketuhar dan letakkan setiap kepingan di atas pinggan.

g) Dalam mangkuk besar, letakkan udang. Gunakan pisau pengupas untuk membuat celah cetek di bahagian belakang udang yang melengkung, keluarkan urat (jika ada) dan biarkan kulitnya utuh. Panaskan kuali besar berdasar berat di atas api sederhana tinggi sehingga hampir berasap, 1½ hingga 2 minit.

h) Masukkan baki 1 sudu besar minyak dan udang. Taburkan secubit garam dan jus daripada separuh sebiji limau nipis ke atas udang dan masak sehingga udang mula menggulung dan tepi kulitnya menjadi perang 2 hingga 3 minit.

i) Gunakan penyepit untuk membalikkan udang, taburkan lebih banyak garam dan jus daripada separuh limau yang lain dan masak sehingga udang berwarna merah jambu cerah, lebih kurang 1 minit lagi. Buat perigi di tengah-tengah kuali dan kacau dalam bawang putih dan lada hitam; setelah bawang putih wangi, selepas kira-kira 30 saat, masukkan sherry, biarkan mendidih dan kacau campuran bawang putih-sherry ke dalam udang.

j) Masak, kacau dan kikis kepingan coklat dari bahagian bawah kuali ke dalam sos. Tutup api dan perahkan jus separuh lagi limau. Potong separuh lemon yang tinggal menjadi kepingan.

k) Sapukan bahagian atas setiap keping roti dengan sesudu aioli kunyit.

l) Bahagikan udang di antara pinggan dan tuangkan sedikit sos ke atas setiap hidangan. Taburkan dengan pasli dan hidangkan dengan hirisan lemon.

16.Roti bakar salmon dengan Asparagus dan telur

BAHAN-BAHAN:
- 2 fillet salmon
- 1 tandan asparagus, dipotong
- 2 keping tebal roti asam panggang, baru dipotong
- 2 biji telur jarak jauh

ARAHAN:

a) Keluarkan fillet dari beg luar dan kemudian (sementara beku dan masih dalam kantung individu), letakkan fillet dalam kuali dan tutup dengan air sejuk. Biarkan mendidih dan reneh perlahan-lahan selama 15 minit.

b) Apabila masak, keluarkan fillet salmon dari kantung dan letakkan di atas pinggan sementara anda meletakkan hidangan bersama-sama.

c) Semasa salmon memasak, buat hollandaise. Letakkan mangkuk kaca kalis haba di atas periuk yang telah anda isi separuh dengan air dan biarkan mendidih dengan api perlahan. Sekarang cairkan mentega dalam kuali kecil yang berasingan dan kemudian keluarkan dari api.

d) Masukkan kuning telur yang diasingkan ke dalam mangkuk di atas air suam dan mula mengocok, secara beransur-ansur menambah cuka wain putih semasa anda melakukannya.

e) Teruskan pukul sambil anda masukkan mentega cair. Campuran akan bergabung untuk membentuk sos pekat dan licin yang lazat.

f) Tambah beberapa perahan jus lemon jika sos kelihatan terlalu pekat. Perasakan dengan sedikit garam dan sedikit lada hitam yang baru dikisar.

g) Isi kuali dengan air mendidih dari cerek dan biarkan mendidih dengan api sederhana, tambah secubit garam laut. Pecahkan telur secara individu ke dalam cawan, dan kemudian kacau air supaya ia bergerak sebelum menambah telur, satu demi satu.

h) Biarkan masak – 2 minit untuk telur lembut, 4 minit untuk telur yang lebih pejal.

i) Keluarkan dari kuali dengan sudu berlubang untuk toskan. Kemudian masukkan lapan tombak asparagus ke dalam kuali air mendidih dan masak selama 1 - 1½ minit sehingga lembut. Letakkan roti bakar untuk memasak sementara itu.

j) Sapukan mentega pada roti bakar dan atasnya dengan lembing asparagus, kemudian telur rebus, satu atau dua sudu hollandaise, dan akhir sekali isi salmon rebus.

k) Perasakan dengan taburan garam laut dan lada hitam retak dan makan segera!

17. Salmon salai dan Keju Krim pada Roti Bakar

BAHAN-BAHAN:
- 8 keping roti baguette Perancis atau rai
- ½ cawan krim keju dilembutkan
- 2 sudu besar bawang putih, dihiris nipis
- 1 cawan salmon salai, dihiris
- ¼ cawan mentega, jenis tanpa garam
- ½ sudu teh perasa Itali
- Daun Dill, dicincang halus
- Garam dan lada sulah secukup rasa

ARAHAN:
a) Dalam kuali kecil, cairkan mentega dan masukkan perasa Itali secara beransur-ansur. Sapukan adunan ke dalam kepingan roti.

b) Bakar mereka selama beberapa minit dengan menggunakan pembakar roti.

c) Sapukan sedikit krim keju pada roti bakar. Kemudian taburkan dengan salmon salai dan hirisan nipis bawang merah. Ulangi proses sehingga semua hirisan roti bakar digunakan.

d) Pindahkan ke dalam pinggan hidangan dan hiaskan daun dill yang dicincang halus di atasnya.

18.Roti Bakar Avokado Udang

BAHAN-BAHAN:
- 2 keping roti asam
- 1/2 paun udang masak, dikupas dan dikeringkan
- 1 buah alpukat masak, tumbuk
- Tomato ceri, dibelah dua
- Ketumbar segar untuk hiasan
- Biji limau nipis
- Garam dan lada sulah secukup rasa

ARAHAN:
a) Bakar hirisan roti asam.
b) Sapukan alpukat tumbuk rata pada setiap kepingan.
c) Teratas dengan udang masak dan tomato ceri separuh.
d) Perasakan dengan garam dan lada sulah.
e) Hiaskan dengan ketumbar segar.
f) Hidangkan bersama limau nipis di sebelah.

19.Roti Bakar Salad Ketam

BAHAN-BAHAN:
- 2 keping roti bijirin penuh
- 1/2 paun ketul daging ketam, diambil untuk kulit
- 1/4 cawan mayonis
- 1 sudu besar mustard Dijon
- 1 batang saderi, cincang halus
- 1 biji bawang hijau, hiris nipis
- perasa Teluk Lama
- Lemon wedges

ARAHAN:
a) Bakar hirisan roti bijirin penuh.
b) Dalam mangkuk, campurkan daging ketam, mayonis, mustard Dijon, saderi cincang dan bawang hijau yang dihiris.
c) Perasakan dengan perasa Old Bay secukup rasa.
d) Sapukan salad ketam pada roti bakar.
e) Hidangkan dengan hirisan lemon di sebelah.

20.Roti Bakar Tuna dan Avocado

BAHAN-BAHAN:
- 2 keping roti multigrain
- 1 tin (5 auns) tuna, toskan
- 1/2 buah avocado, dihiris
- Bawang merah, hiris nipis
- Tomato ceri, dibelah dua
- Minyak zaitun untuk gerimis
- Garam dan lada sulah secukup rasa

ARAHAN:
a) Bakar hirisan roti multigrain.
b) Dalam mangkuk, campurkan tuna yang telah ditoskan dengan garam dan lada sulah.
c) Sapukan bancuhan tuna pada roti yang telah dibakar.
d) Teratas dengan hirisan alpukat, bawang merah dan tomato ceri yang dibelah dua.
e) Siram dengan minyak zaitun.
f) Perasakan dengan tambahan garam dan lada sulah jika perlu.

21. Roti Bakar Udang Cajun

BAHAN-BAHAN:
- 2 keping roti Perancis atau baguette
- 1/2 paun udang besar, dikupas dan dikeringkan
- perasa Cajun
- 2 sudu besar minyak zaitun
- Serbuk Bawang putih
- Lemon wedges
- Pasli cincang untuk hiasan

ARAHAN:
a) Bakar hirisan roti Perancis atau baguette.
b) Perasakan udang dengan perasa Cajun dan serbuk bawang putih.
c) Panaskan minyak zaitun dalam kuali dan tumis udang hingga masak.
d) Letakkan udang Cajun pada roti panggang.
e) Hiaskan dengan pasli cincang dan hidangkan dengan hirisan lemon.

22. Lobster dan Roti Bakar Avokado

BAHAN-BAHAN:
- 2 keping roti artisan
- 1/2 paun daging udang galah masak, dicincang
- 1 buah alpukat masak, tumbuk
- Tomato ceri, dihiris
- Daun bawang untuk hiasan
- Biji limau nipis
- Garam dan lada sulah secukup rasa

ARAHAN:
a) Bakar hirisan roti artisan.
b) Sapukan alpukat tumbuk pada setiap kepingan.
c) Teratas dengan daging udang galah cincang dan hirisan tomato ceri.
d) Perasakan dengan garam dan lada sulah.
e) Hiaskan dengan daun kucai dan hidangkan bersama limau nipis.

23. Roti Bakar Sardin dan Tomato

BAHAN-BAHAN:
- 2 keping roti bijirin penuh
- 1 tin (4.4 auns) sardin dalam minyak zaitun
- 1 cawan tomato ceri, dibelah dua
- Bawang merah, hiris nipis
- Daun selasih segar untuk hiasan
- Balsamic glaze untuk gerimis
- Garam dan lada sulah secukup rasa

ARAHAN:
a) Bakar hirisan roti bijirin penuh.
b) Toskan ikan sardin dan susun di atas roti bakar.
c) Teratas dengan tomato ceri separuh dan hirisan bawang merah.
d) Hiaskan dengan daun selasih segar.
e) Gerimis dengan sayu balsamic.
f) Perasakan dengan garam dan lada sulah.

24. Tuna Pedas dan Roti Bakar Sriracha Mayo

BAHAN-BAHAN:
- 2 keping roti rai
- 1 tin (5 auns) tuna pedas, toskan
- 2 sudu besar mayonis
- 1 sudu besar sos Sriracha (sesuaikan dengan rasa)
- Hirisan timun
- Bawang hijau, dihiris
- Biji bijan untuk hiasan

ARAHAN:
a) Bakar hirisan roti rai.
b) Dalam mangkuk, campurkan tuna pedas dengan mayonis dan sos Sriracha .
c) Sapukan bancuhan tuna pedas pada roti yang telah dibakar.
d) Teratas dengan hirisan timun dan hirisan bawang hijau.
e) Taburkan bijan untuk hiasan.
f) Nikmati tuna pedas dan roti bakar mayo Sriracha anda!

Roti Bakar BUAH-BUAHAN

25.Roti Bakar Ara

BAHAN-BAHAN:
- 12 buah Ara sederhana (kira-kira 1 ½ paun)
- 4 keping Brioche atau challah, potong setebal 1 inci
- ½ cawan Gula
- 3 sudu besar Mentega
- ½ cawan yogurt biasa, kacau hingga rata
- ¼ cawan badam dihiris

ARAHAN:
a) Panaskan ketuhar anda kepada 500 darjah Fahrenheit atau tetapan setinggi mungkin.
b) Bakar hirisan roti dengan meletakkannya terus di atas rak ketuhar dan membakarnya dalam ketuhar yang dipanaskan sehingga menjadi perang keemasan, yang sepatutnya mengambil masa kira-kira 4 hingga 5 minit. Setelah selesai, letakkan roti yang telah dibakar di atas 4 pinggan yang telah dipanaskan.
c) Semasa roti dibakar, potong batang dari buah ara. Potong buah tin separuh dan celupkan ke dalam gula, pastikan ia bersalut dengan baik .
d) Panaskan 1 sudu besar mentega dalam kuali, kemudian masukkan hirisan badam. Tumis sehingga mereka bertukar menjadi perang keemasan, yang sepatutnya mengambil masa kira-kira 2 hingga 3 minit. Ketepikan badam bakar.
e) Dalam kuali yang sama, panaskan baki mentega sehingga ia berbuih. Masukkan buah tin, potong ke bawah, dan tumis sehingga masak, pusingkan sekali. Ini perlu mengambil masa kira-kira 3 hingga 4 minit.
f) Letakkan tumis buah tin di atas hirisan roti bakar dan sudukan di atas jus kuali.
g) Letakkan setiap roti bakar dengan yogurt dan taburkan dengan badam panggang.
h) Hidangkan roti bakar ara dengan segera untuk memastikan roti bakar itu kekal garing.
i) Nikmati Fig Toasts anda yang lazat!

26. Roti Bakar Avocado Grapefruit

BAHAN-BAHAN:
- 1 keping roti asam
- ½ alpukat, tumbuk
- 1 limau gedang, dibahagikan
- Secubit kepingan lada merah
- Gerimis minyak zaitun

ARAHAN

a) Bakar roti mengikut tahap kerangupan yang anda inginkan.

b) Sapukan alpukat tumbuk di atas roti bakar.

c) Teratas dengan bahagian limau gedang, secubit kepingan lada merah dan sedikit minyak zaitun.

d) Hidangkan segera.

27. Roti Bakar Buah Naga dan Avocado

BAHAN-BAHAN:
- 1 buah naga
- 1 buah avokado
- 2 keping roti bijirin penuh
- 1 sudu besar jus lemon
- Garam dan lada, secukup rasa

ARAHAN
a) Potong buah naga separuh dan cedok isinya.
b) Potong alpukat separuh dan keluarkan lubang.
c) Keluarkan daging alpukat dan tumbuk dalam mangkuk.
d) Masukkan jus lemon, garam dan lada sulah.
e) Bakar hirisan roti.
f) Sapukan campuran alpukat ke atas roti bakar.
g) Teratas dengan hirisan buah naga.
h) Hidangkan segera.

28. Roti Bakar Buah Naga dan Mentega Badam

BAHAN-BAHAN:
- 1 buah naga
- 2 keping roti bijirin penuh
- 2 sudu besar mentega badam
- 1 sudu besar madu

ARAHAN

a) Potong buah naga separuh dan cedok isinya.
b) Bakar hirisan roti.
c) Sapukan mentega badam ke atas roti bakar.
d) Teratas dengan hirisan buah naga.
e) Siram dengan madu.
f) Hidangkan segera.

29.Roti Bakar Delima-Badam

BAHAN-BAHAN:
- 2 sudu besar mentega badam
- 2 keping roti bijirin penuh, dibakar
- 3 sudu besar aril delima
- 2 sudu kecil biji labu yang dibakar, masin sedikit
- 1 sudu teh sirap maple tulen

ARAHAN:

a) Sapukan 1 sudu besar mentega badam pada setiap keping roti bakar.

b) Atas rata dengan aril dan pepita delima. Siram dengan sirap, jika mahu.

Roti Bakar BERATAS KEJU

30.Pudina dan Roti Bakar Ricotta

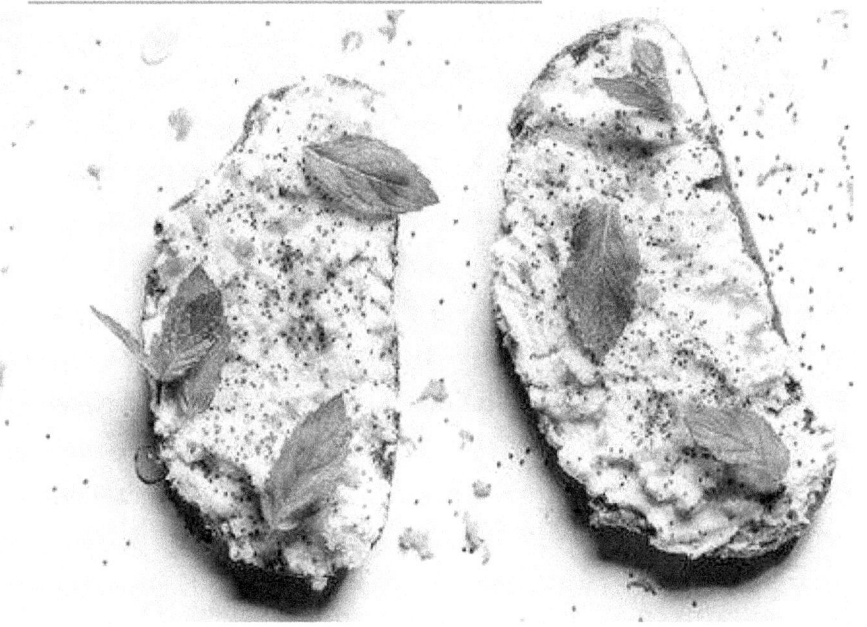

BAHAN-BAHAN:
- 2 keping roti bijirin penuh, dibakar
- ½ cawan keju ricotta
- ¼ cawan daun pudina segar
- 1 sudu teh jus lemon
- 1 sudu teh madu
- Secubit garam

ARAHAN

a) Dalam mangkuk kecil, campurkan keju ricotta, daun pudina, jus lemon, madu, dan garam.

b) Ratakan adunan ricotta ke atas kepingan roti yang telah dibakar.

c) Hidangkan segera dan nikmati!

31. Roti bakar pizza

BAHAN-BAHAN:
- 2 keping roti multigrain
- 2 sudu besar pes tomato tanpa garam
- ½ cawan mozarella
- ¼ cawan nanas cincang
- 2 keping ham, dicincang

ARAHAN:
a) Susun 2 keping roti di atas rak dawai di atas dulang enamel.
b) Bakar di atas Grill 1 selama 4 minit, putar dan panggang selama 2 minit lagi.
c) Sapukan roti bakar dengan pes tomato, dan taburan mozzarella parut, dan atas dengan ham dan nanas.
d) Masak pada Combi 1 selama 4 minit atau sehingga keju cair dan mula keperangan.
e) Hiris dan hidangkan bersama sayur-sayuran dan buah cincang.

32. Roti Bakar Ricotta Grapefruit

BAHAN-BAHAN:
- 1 keping roti bijirin penuh
- ¼ cawan keju ricotta
- 1 limau gedang, dibahagikan
- 1 sudu besar madu
- 1 sudu teh daun thyme segar

ARAHAN

a) Bakar roti mengikut tahap kerangupan yang anda inginkan.

b) Sapukan keju ricotta di atas roti bakar.

c) Teratas dengan segmen limau gedang, gerimis dengan madu dan taburkan dengan daun thyme.

d) Hidangkan segera.

33.Ricotta dan Roti Bakar Madu

BAHAN-BAHAN:
- 4 keping roti
- ½ cawan keju ricotta
- 2 sudu besar madu
- ¼ sudu teh kayu manis
- garam

ARAHAN

a) Bakar roti mengikut citarasa anda.
b) Dalam mangkuk kecil, campurkan bersama ricotta, madu, kayu manis, dan secubit garam.
c) Sapukan campuran ricotta ke atas roti bakar.
d) Siram dengan madu tambahan, jika mahu.
e) Hidangkan segera.

34. Keju di atas Roti Bakar

BAHAN-BAHAN:
- 4 auns keju cheddar tajam, dicincang (kira-kira 1 cawan)
- 2 keping roti sandwic putih lembut
- 4 sudu teh sos Worcestershire, dibahagikan, ditambah lagi jika mahu

ARAHAN:
a) Susun rak ketuhar 4 hingga 6 inci di bawah ayam pedaging, kemudian tetapkan ketuhar untuk memanggang dengan api yang tinggi.
b) Lapik loyang berbingkai dengan aluminium foil. Pasangkan rak dawai di dalam loyang. Parut 4 auns keju cheddar tajam pada lubang besar parutan kotak (kira-kira 1 cawan).
c) Letakkan 2 keping roti sandwic putih di atas rak. Panggang sehingga perang keemasan dalam, kira-kira 2 minit. Balikkan roti dan panggang sehingga bahagian kedua berwarna perang keemasan, kira-kira 2 minit lagi.
d) Keluarkan loyang dari ketuhar. Sementara itu, sandarkan roti bakar antara satu sama lain untuk berdiri tegak di atas rak selama 2 minit supaya ia menjadi sejuk sedikit dan garing di kedua-dua belah.
e) Letakkan roti bakar rata di atas rak. Bahagikan keju ke atas roti, pastikan bahagian tepinya ditutup sepenuhnya untuk mengelakkan kerak daripada terbakar (ia mungkin kelihatan seperti bertimbun tinggi, tetapi ia akan cair).
f) Tuangkan 2 sudu teh sos Worcestershire pada setiap roti bakar.
g) Panggang sehingga keju berbuih dan berwarna perang keemasan dalam bintik-bintik, 2 hingga 4 minit. Jika mahu, tambahkan sedikit tambahan sos Worcestershire.
h) Biarkan sejuk selama 1 hingga 2 minit sebelum dihidangkan.

35.Roti Bakar Feta dan Olive Tapenade

BAHAN-BAHAN:
- 2 keping roti ciabatta
- 1/2 cawan keju feta atau Burrata, hancur
- tapenade zaitun (dibeli di kedai atau buatan sendiri)
- Daun oregano segar
- Minyak zaitun untuk gerimis

ARAHAN:
a) Bakar hirisan roti ciabatta.
b) Sapukan feta hancur rata ke atas roti bakar.
c) Sudu tapenade zaitun di atas feta.
d) Taburkan daun oregano segar.
e) Siram dengan minyak zaitun.
f) Hidangkan segera dan nikmati roti bakar feta dan tapenade zaitun yang berperisa!

Roti Bakar DAGING

36. Ham Berkrim Pada Roti Bakar

BAHAN-BAHAN:
- 1 cawan ham yang telah dimasak sepenuhnya
- ⅓ cawan lada hijau yang dicincang
- ¼ cawan hirisan saderi
- 2 sudu besar mentega
- 3 sudu besar tepung serba guna
- 1-½ cawan susu
- ¼ sudu teh lada
- ¼ sudu teh biji saderi
- 1 biji telur rebus besar, dicincang
- 5 keping keju Amerika yang diproses, dibelah empat
- 3 keping roti bakar, potong segi tiga

ARAHAN

a) Dalam kuali, tumis saderi, lada hijau, dan ham dalam mentega selama 4-5 minit.

b) Habuk dengan tepung; pukul hingga berbuih dan licin. Masukkan biji saderi, lada, dan susu; biarkan ia mendidih. Masak sambil dikacau selama 2 minit.

c) Tanggalkan dari panas. Masukkan keju dan telur; pukul untuk mencairkan keju. Hidangkan atas roti bakar.

37. Roti Bakar Avokado Bacon dengan sayur-sayuran mikro Lobak Merah

BAHAN-BAHAN:
BACON CARROT:
- 2 lobak merah
- 3 sudu besar kicap
- 1 sudu besar minyak bijan
- 1 sudu besar pes tomato
- 1 sudu besar asap cair
- 1 sudu besar sirap maple
- ¼ sudu teh paprika salai
- ¼ sudu teh serbuk bawang putih
- ¼ sudu teh serbuk bawang
- ¼ sudu teh lada
- Garam secukup rasa

Roti Bakar AVOCADO:
- 1 buah alpukat
- 1 secubit garam laut
- ¼ sudu teh lada hitam yang baru dikisar
- 2 biji tomato ceri dihiris
- Bacon lobak merah
- Microgreen lobak merah rangup
- 2 sudu teh cuka balsamic
- 2 keping roti asam, bakar

ARAHAN:
BACON CARROT:

a) Panaskan ketuhar hingga 400 F.

b) Basuh lobak merah, potong hujungnya, dan kupas sedikit.

c) Menggunakan pengupas lebar jika anda mempunyai satu, kupas jalur panjang dan tebal dari setiap lobak merah untuk menyerupai bentuk bacon.

d) Dalam mangkuk, campurkan bahan-bahan lain kecuali garam.

e) Letakkan jalur lobak merah di dalam pinggan kaca dan tuangkan perapan di atas, pastikan untuk menyalut setiap bahagian. Biarkan perap sekurang-kurangnya 15 minit.

f) Letakkan setiap bahagian di atas rak pembakar yang diletakkan di atas dulang pembakar, atau di atas dulang pembakar yang dialas kertas.

g) 3 hingga 5 minit tambahan , sehingga ia beralun dan keperangan.

h) Keluarkan lobak merah dari ketuhar dan letakkannya di atas rak penyejuk.

Roti Bakar AVOCADO:

i) Potong alpukat separuh dan keluarkan lubang.

j) Cedok daging alpukat dengan sudu dan letakkan ke dalam mangkuk.

k) Perasakan alpukat dengan garam dan lada hitam.

l) Tumbuk avokado dengan garfu & sapukan avokado di atas roti asam panggang.

m) Teratas dengan tomato ceri, bacon lobak merah dan sayur-sayuran mikro lobak merah segar.

n) Tuangkan cuka balsamic di atas dan nikmatilah!

38.Roti Bakar Sosej dan Cendawan

BAHAN-BAHAN:
- 2 keping roti asam
- 4 pautan sosej yang dimasak, dihiris
- 1 cawan cendawan, dihiris
- 1 sudu besar minyak zaitun
- Thyme segar untuk hiasan
- Garam dan lada sulah secukup rasa
- Guacamole (pilihan)

ARAHAN:
a) Bakar hirisan roti asam.
b) Dalam kuali, tumis hirisan cendawan dalam minyak zaitun sehingga lembut.
c) Susun guacamole, sosej yang dihiris pada roti bakar.
d) Teratas dengan cendawan tumis.
e) Hiaskan dengan thyme segar.
f) Perasakan dengan garam dan lada sulah.

39. Turki dan Roti Bakar Cranberry

BAHAN-BAHAN:
- 2 keping roti bijirin penuh
- 1/2 paun dada ayam belanda dihiris
- Sos kranberi
- Keju krim
- Pecan, dicincang
- Pasli segar untuk hiasan
- Garam dan lada sulah secukup rasa

ARAHAN:
a) Bakar hirisan roti bijirin penuh.
b) Sapukan lapisan keju krim pada setiap kepingan.
c) Tambah hirisan ayam belanda di atas.
d) Sudukan sos kranberi di atas ayam belanda.
e) Taburkan dengan pecan cincang.
f) Hiaskan dengan pasli segar.
g) Perasakan dengan garam dan lada sulah.

40. Roti Bakar Steak dan Keju Biru

BAHAN-BAHAN:
- 2 keping baguette atau roti Perancis
- 1/2 paun stik panggang, dihiris
- 2 auns keju biru, hancur
- Bawang karamel
- Rosemary segar untuk hiasan
- Garam dan lada sulah secukup rasa

ARAHAN:
a) Bakar hirisan baguette atau roti Perancis.
b) Susun hirisan stik panggang pada setiap roti bakar.
c) Taburkan keju biru yang telah hancur di atas stik.
d) Teratas dengan bawang karamel.
e) Hiaskan dengan rosemary segar.
f) Perasakan dengan garam dan lada sulah.

41. Roti Bakar Bacon dan Avocado

BAHAN-BAHAN:
- 2 keping roti bijirin penuh
- 4 keping bacon, masak sehingga garing
- 1 buah alpukat masak, dihiris
- Tomato ceri, dibelah dua
- Arugula untuk hiasan
- Garam dan lada sulah secukup rasa

ARAHAN:
a) Bakar hirisan roti bijirin penuh.
b) Susun hirisan bacon rangup pada setiap roti bakar.
c) Masukkan hirisan alpukat dan tomato ceri yang dibelah dua.
d) Hiaskan dengan arugula.
e) Perasakan dengan garam dan lada sulah.

42. Roti Bakar Ham dan Nanas

BAHAN-BAHAN:
- 2 keping roti ciabatta
- 1/2 paun ham dihiris nipis
- hirisan nenas
- Keju Swiss, dicincang
- mustard Dijon
- Ketumbar segar untuk hiasan
- Garam dan lada sulah secukup rasa

ARAHAN:
a) Bakar hirisan roti ciabatta.
b) Sapukan mustard Dijon pada setiap kepingan.
c) Masukkan hirisan ham dan nanas.
d) Taburkan keju Swiss yang dicincang di atasnya.
e) Hiaskan dengan ketumbar segar.
f) Perasakan dengan garam dan lada sulah.

43. Roti Bakar Ayam dan Pesto

BAHAN-BAHAN:
- 2 keping roti multigrain
- 1/2 paun dada ayam panggang, dihiris
- Pesto
- Tomato kering matahari, dihiris
- Keju parmesan, dicukur
- Daun selasih segar untuk hiasan
- Garam dan lada sulah secukup rasa

ARAHAN:
a) Bakar hirisan roti multigrain.
b) Sapukan lapisan pesto basil pada setiap kepingan.
c) Susun hirisan ayam bakar di atas.
d) Masukkan hirisan tomato kering.
e) Taburkan keju Parmesan yang dicukur di atas roti bakar.
f) Hiaskan dengan daun selasih segar.
g) Perasakan dengan garam dan lada sulah.

ROTI BAKAR

44. Roti Bakar Perancis Berempah Chai

BAHAN-BAHAN:
- 1 sudu besar gula pasir
- 1 sudu teh kayu manis tanah
- ¼ sudu teh halia kisar
- ¼ sudu teh buah pelaga
- ¼ sudu teh lada sulah
- ¼ sudu teh bunga cengkih kisar
- Secubit garam
- 4 biji telur besar
- ¾ cawan susu
- 1 ½ sudu teh ekstrak vanila
- 4 sudu besar mentega
- 8 keping roti brioche atau challah, dihiris setebal ¾-1 inci

ARAHAN:
a) Dalam mangkuk cetek yang sederhana, pukul bersama gula pasir, rempah kisar (kayu manis, halia, buah pelaga, lada sulah, bunga cengkih) dan secubit garam. Ketepikan adunan rempah ini.
b) Panaskan kuali tidak melekat dengan api sederhana-perlahan.
c) Pukul telur, susu dan ekstrak vanila ke dalam campuran rempah dalam mangkuk cetek.
d) Cairkan dua sudu mentega dalam kuali yang telah dipanaskan.
e) Celupkan kepingan roti ke dalam adunan kastard, pastikan ia bersalut pada kedua-dua belah. Ini sepatutnya mengambil masa kira-kira 2-3 saat pada setiap sisi.
f) Goreng hirisan bersalut, bekerja dalam kelompok 2 atau 3 pada satu masa bergantung pada saiz kuali anda. Masak selama kira-kira 3-3 ½ minit pada setiap sisi atau sehingga ia bertukar menjadi perang keemasan, tambahkan lebih banyak mentega mengikut keperluan.
g) Ulangi proses dengan baki kastard dan hirisan roti.
h) Hidangkan roti bakar Perancis berempah chai hangat, diiringi mentega dan sirap atau topping kegemaran anda.
i) Nikmati Toast Perancis Berempah Chai yang lazat dan beraroma!

45. Roti Bakar Perancis Kayu Manis Klasik

BAHAN-BAHAN:
- 4 keping roti tebal (putih, brioche, atau challah)
- 3 biji telur besar
- ½ cawan susu
- 1 sudu teh ekstrak vanila
- 1 sudu teh kayu manis tanah
- Mentega untuk memasak
- Sirap maple untuk hidangan

ARAHAN:

a) Dalam mangkuk cetek, pukul bersama telur, susu, ekstrak vanila, dan kayu manis yang dikisar.

b) Panaskan kuali besar tidak melekat atau griddle di atas api sederhana dan cairkan sedikit mentega.

c) Celupkan setiap keping roti ke dalam adunan telur, biarkan ia meresap selama beberapa saat pada setiap sisi.

d) Letakkan roti yang dicelup ke dalam kuali panas dan masak sehingga perang keemasan pada setiap sisi, kira-kira 2-3 minit setiap sisi.

e) Hidangkan roti bakar Perancis hangat dengan sirap maple.

46. Roti Bakar Perancis Rhubarb

BAHAN-BAHAN:
- 4 keping roti
- 2 biji telur
- ½ cawan susu
- ¼ cawan rhubarb yang dicincang
- 1 sudu besar gula
- ½ sudu teh kayu manis
- Mentega untuk memasak

ARAHAN:

a) Dalam mangkuk, pukul bersama telur, susu, gula, dan kayu manis.

a) Celupkan setiap keping roti ke dalam adunan telur, pastikan ia bersalut dengan baik.

b) Taburkan rhubarb yang dicincang di atas dua keping roti, kemudian atas dengan kepingan yang tinggal untuk membuat sandwic.

c) Panaskan kuali dengan api sederhana dan masukkan sedikit mentega.

d) Masak setiap sandwic toast Perancis sehingga perang keemasan di kedua-dua belah.

e) Hidangkan panas dengan sedikit sirap maple.

47. Roti Bakar Perancis Prosecco

BAHAN-BAHAN:
- 4 keping roti (seperti brioche atau roti Perancis)
- ¾ cawan Prosecco
- ¼ cawan susu
- 2 biji telur
- 1 sudu besar gula
- ½ sudu teh ekstrak vanila
- Mentega untuk memasak
- Gula tepung untuk habuk (pilihan)
- Beri segar untuk dihidangkan (pilihan)

ARAHAN:

a) Dalam hidangan cetek, pukul bersama Prosecco, susu, telur, gula, dan ekstrak vanila.

b) Panaskan kuali atau kuali tidak melekat di atas api sederhana dan cairkan sedikit mentega.

c) Celupkan setiap keping roti ke dalam campuran Prosecco, biarkan ia meresap selama beberapa saat pada setiap sisi.

d) Letakkan roti yang telah direndam di atas kuali dan masak sehingga perang keemasan pada setiap sisi, kira-kira 2-3 minit setiap sisi.

e) Ulangi dengan kepingan roti yang tinggal, tambah lebih banyak mentega mengikut keperluan.

f) Taburkan roti bakar Perancis Prosecco dengan gula tepung jika dikehendaki dan hidangkan dengan beri segar.

48. Roti Bakar Perancis Mocha

BAHAN-BAHAN:
- 4 keping roti
- 2 biji telur besar
- ¼ cawan susu (tenusu atau berasaskan tumbuhan)
- 1 sudu besar serbuk koko
- 1 sudu besar butiran kopi segera
- 1 sudu besar gula pasir
- Mentega atau minyak untuk menggoreng
- Sirap maple dan beri segar untuk dihidangkan (pilihan)

ARAHAN:

a) Dalam hidangan cetek, pukul bersama telur, susu, serbuk koko, butiran kopi segera dan gula.

b) Celupkan setiap keping roti ke dalam adunan, biarkan ia meresap selama beberapa saat pada setiap sisi.

c) Panaskan kuali atau kuali tidak melekat di atas api sederhana dan cairkan sedikit mentega atau panaskan minyak.

d) Letakkan kepingan roti yang telah direndam ke atas kuali dan masak sehingga perang keemasan pada setiap sisi.

e) Ulangi dengan kepingan roti yang tinggal, tambah lebih banyak mentega atau minyak mengikut keperluan.

f) Hidangkan roti bakar Perancis mocha dengan sirap maple dan beri segar, jika dikehendaki.

49. Toast Perancis Berry dan Keju Krim

BAHAN-BAHAN:
- 8 keping roti (putih, brioche, atau challah)
- 4 auns krim keju, dilembutkan
- ½ cawan beri campuran (strawberi, beri biru, raspberi)
- 3 biji telur besar
- ½ cawan susu
- 1 sudu teh ekstrak vanila
- Mentega untuk memasak
- Gula serbuk untuk habuk

ARAHAN:

a) Sapukan krim keju lembut pada sebelah 4 keping roti.

b) Letakkan beri campuran di atas keju krim dan tutup dengan baki 4 keping roti untuk membuat sandwic.

c) Dalam mangkuk cetek, pukul bersama telur, susu, dan ekstrak vanila.

d) Panaskan kuali besar tidak melekat atau griddle di atas api sederhana dan cairkan sedikit mentega.

e) Celupkan setiap sandwic yang disumbat ke dalam adunan telur, salutkannya pada kedua-dua belah.

f) Letakkan sandwic yang dicelup ke dalam kuali panas dan masak sehingga perang keemasan pada setiap sisi, kira-kira 3-4 minit setiap sisi.

g) Hidangkan roti bakar Perancis hangat dengan taburan gula tepung.

50.Roti Bakar Perancis Lemon Ricotta

BAHAN-BAHAN:
- 4 keping roti tebal (putih, brioche, atau challah)
- 1 cawan keju ricotta
- Perahan 1 lemon
- 2 sudu besar gula
- 3 biji telur besar
- ½ cawan susu
- Mentega untuk memasak
- Beri segar untuk topping

ARAHAN:

a) Dalam mangkuk, campurkan keju ricotta, kulit limau, dan gula sehingga sebati.

b) Sapukan campuran ricotta pada satu sisi setiap keping roti.

c) Dalam mangkuk cetek, pukul bersama telur dan susu.

d) Panaskan kuali besar tidak melekat atau griddle di atas api sederhana dan cairkan sedikit mentega.

e) Celupkan setiap kepingan roti yang disaluti ricotta ke dalam adunan telur, salutkannya pada kedua-dua belah.

f) Letakkan kepingan yang dicelup ke dalam kuali panas dan masak sehingga perang keemasan pada setiap sisi, kira-kira 2-3 minit setiap sisi.

g) Hidangkan roti bakar Perancis hangat dengan beri segar di atasnya.

51. Apple Karamel French Toast

BAHAN-BAHAN:
- 4 keping roti tebal (putih, brioche, atau challah)
- 1 epal besar, dikupas, dibuang inti dan dihiris nipis
- 2 sudu besar mentega
- 2 sudu besar gula merah
- ½ sudu teh kayu manis tanah
- 3 biji telur besar
- ½ cawan susu
- Mentega untuk memasak
- Sos karamel untuk dihidangkan

ARAHAN:

a) Dalam kuali, cairkan mentega dengan api sederhana. Masukkan hirisan epal, gula perang, dan kayu manis yang telah dikisar. Masak sehingga epal lembut dan karamel, kira-kira 5 minit. Keluarkan dari haba.

b) Dalam mangkuk cetek, pukul bersama telur dan susu.

c) Panaskan kuali besar tidak melekat atau griddle di atas api sederhana dan cairkan sedikit mentega.

d) Celupkan setiap keping roti ke dalam adunan telur, salutkan pada kedua-dua belah.

e) Letakkan kepingan yang dicelup ke dalam kuali panas dan masak sehingga perang keemasan pada setiap sisi, kira-kira 2-3 minit setiap sisi.

f) Hidangkan roti bakar Perancis yang hangat, dihiasi dengan epal karamel dan sedikit sos karamel.

52. Toast Toast Perancis dengan Dadih Tangerine

BAHAN-BAHAN:
- 2 biji telur, dipukul
- ¾ cawan susu
- 1 sudu teh ekstrak vanila
- 4 keping roti, setiap satu dipotong menjadi 4 jalur
- 1 Sudu besar mentega
- sirap maple
- Dadih tangerine atau pengawet kegemaran

ARAHAN:
a)   Pukul bersama telur, susu, dan vanila dalam mangkuk cetek. Celupkan kepingan roti, rendam dengan baik.

b)   Cairkan mentega dalam kuali dengan api sederhana. Tambah jalur roti; masak hingga kekuningan kedua-dua belah.

c)   Hidangkan hangat dengan sirap atau pengawet untuk dicelup.

53. Roti Bakar Perancis Berkulit Emping Jagung

BAHAN-BAHAN:
- 4 keping roti
- 2 biji telur
- ½ cawan susu
- 1 cawan emping jagung dihancurkan
- Mentega, untuk memasak
- Sirap maple dan buah segar, untuk dihidangkan

ARAHAN:

a) Dalam hidangan cetek, pukul bersama telur dan susu.

b) Letakkan cornflakes yang telah dihancurkan dalam hidangan cetek lain.

c) Celupkan setiap keping roti ke dalam adunan telur, kemudian salutkan kedua-dua belah bahagian dengan cornflakes yang telah dihancurkan, tekan-tekan sehingga melekat.

d) Panaskan setitik mentega dalam kuali dengan api sederhana.

e) Masak hirisan roti bersalut sehingga perang keemasan dan rangup pada kedua-dua belah, kira-kira 2-3 minit setiap sisi.

f) Hidangkan bersama sirap maple dan buah-buahan segar.

54.Roti Bakar Perancis Buah Markisa

BAHAN-BAHAN:
- 8 keping roti
- 4 biji telur
- ½ cawan susu
- ¼ cawan pulpa buah markisa
- 2 sudu besar mentega
- Gula tepung, untuk hidangan

ARAHAN:

a) Dalam hidangan cetek, pukul bersama telur, susu, dan pulpa buah markisa.

b) Panaskan kuali nonstick di atas api sederhana dan cairkan 1 sudu besar mentega.

c) Celupkan setiap keping roti dalam adunan telur, salutkan kedua-dua belah.

d) Masak roti dalam kuali sehingga perang keemasan di kedua-dua belah.

e) Ulangi dengan kepingan roti yang tinggal, tambah lebih banyak mentega mengikut keperluan.

f) Hidangkan bersama gula tepung dan pulpa buah markisa tambahan.

55.Roti Bakar Perancis Limoncello Bakar

BAHAN-BAHAN:
- 1 keping roti Perancis, dihiris menjadi kepingan setebal 1 inci
- 4 biji telur besar
- 1 cawan susu
- ¼ cawan minuman keras Limoncello
- ¼ cawan gula pasir
- 1 sudu teh ekstrak vanila
- Perahan 1 lemon
- Secubit garam
- Gula tepung dan beri segar untuk dihidangkan

ARAHAN:
a) Panaskan ketuhar hingga 375°F (190°C). Griskan loyang yang cukup besar untuk menampung kepingan roti dalam satu lapisan.
b) hirisan roti dalam loyang yang telah disediakan.
c) Dalam mangkuk adunan, pukul bersama telur, susu, minuman keras Limoncello , gula pasir, ekstrak vanila, kulit lemon dan garam.
d) Tuangkan adunan telur ke atas kepingan roti, pastikan semua roti bersalut .
e) Biarkan roti rendam dalam adunan selama kira-kira 10 minit, tekan perlahan-lahan dengan spatula untuk menyerap cecair.
f) Bakar roti bakar Perancis selama 25-30 minit, atau sehingga ia keemasan dan kembang.
g) Keluarkan dari ketuhar dan biarkan ia sejuk selama beberapa minit.
h) Taburkan Baked Limoncello French Toast dengan gula tepung dan hidangkan dengan beri segar.

56.Piña Colada

BAHAN-BAHAN:
- 4 keping roti
- 2 biji telur
- ¼ cawan santan
- ¼ cawan jus nanas
- ¼ sudu teh ekstrak vanila
- ¼ sudu teh kayu manis tanah
- ¼ cawan kelapa parut
- Mentega atau minyak untuk menggoreng

ARAHAN

a) Dalam hidangan cetek, pukul bersama telur, santan, jus nanas, ekstrak vanila, dan kayu manis.

b) Celupkan setiap keping roti ke dalam adunan telur, pastikan salut kedua-dua belah.

c) Panaskan kuali di atas api sederhana dan masukkan satu sudu mentega atau minyak.

d) Masukkan kepingan roti ke dalam kuali dan masak selama 2-3 minit pada setiap sisi, sehingga perang keemasan.

e) Taburkan kelapa parut di atas roti bakar Perancis dan hidangkan bersama sirap.

57. Nanas Bakar dan Roti Bakar Perancis Kelapa

BAHAN-BAHAN:
- ½ biji nanas dikupas dan dihiris cincin
- 6 keping roti tebal
- 3 biji telur
- ½ cawan santan
- ½ sudu teh ekstrak vanila
- ¼ sudu teh kayu manis tanah
- ¼ cawan kelapa parut
- Sirap maple untuk hidangan

ARAHAN

a) Panaskan panggangan dengan api sederhana.

b) Pukul bersama telur, santan, ekstrak vanila, dan kayu manis yang dikisar dalam mangkuk.

c) Celupkan hirisan roti ke dalam adunan telur, kemudian salutkan dengan kelapa parut.

d) Bakar hirisan nanas selama 2-3 minit pada setiap sisi sehingga karamel.

e) Bakar hirisan roti selama 2-3 minit pada setiap sisi sehingga perang keemasan.

f) Hidangkan roti bakar Perancis yang dihiasi dengan nanas panggang dan sirap maple.

58.Kiwi French Toast

BAHAN-BAHAN:
- 4 keping roti tebal (putih, brioche, atau challah)
- 2 buah kiwi masak, dikupas dan dihiris
- 3 biji telur besar
- ½ cawan susu
- 1 sudu teh ekstrak vanila
- 1 sudu besar gula
- Mentega untuk memasak
- Madu atau sirap maple untuk hidangan

ARAHAN:

a) Dalam mangkuk cetek, pukul bersama telur, susu, ekstrak vanila, dan gula.

b) Panaskan kuali besar tidak melekat atau griddle di atas api sederhana dan cairkan sedikit mentega.

c) Celupkan setiap keping roti ke dalam adunan telur, biarkan ia meresap selama beberapa saat pada setiap sisi.

d) Letakkan roti yang dicelup ke dalam kuali panas dan masak sehingga perang keemasan pada setiap sisi, kira-kira 2-3 minit setiap sisi.

e) Setelah hirisan roti bakar Perancis masak, pindahkan ke pinggan hidangan.

f) Teratas setiap kepingan dengan kiwi yang dihiris.

g) Siramkan madu atau sirap maple ke atas roti bakar Perancis dan kiwi.

h) Hidangkan Kiwi French Toast hangat.

59.Toast Perancis Blueberry Berapi Kayu

BAHAN-BAHAN:
- 8 keping roti gandum segar, dihiris
- 5 biji Telur besar, dipukul
- 44ml susu
- 85g Sirap Maple
- ¼ sudu teh garam laut
- ½ sudu teh kayu manis tanah
- 125g beri biru
- 6 sudu besar minyak zaitun
- 8 biji mentega

ARAHAN

a) Tuangkan minyak zaitun ke dalam kuali atau pinggan besi tuang yang besar.

b) Satukan telur, susu, sirap maple, garam, dan kayu manis dalam hidangan adunan yang besar.

c) Celupkan setiap keping roti dalam sos.

d) Letakkan roti dalam kuali dan rendam selama 5-10 minit dalam adunan telur.

e) Letakkan blueberry di atas roti.

f) Bakar dalam baki api ketuhar sehingga adunan telur meresap dan roti berwarna perang keemasan.

g) Keluarkan dari ketuhar dan gerimis dengan sirap maple dan mentega.

60. Toast Perancis Gula-gula Sarang Lebah

BAHAN-BAHAN:
- 4 keping roti
- 2 biji telur
- ¼ cawan susu
- ½ sudu teh ekstrak vanila
- Mentega untuk menggoreng
- Madu untuk gerimis
- Gula-gula sarang lebah, dihancurkan

ARAHAN:
a) Dalam mangkuk cetek, pukul bersama telur, susu, dan ekstrak vanila.
b) Celupkan setiap keping roti ke dalam adunan telur, salutkan kedua-dua belah.
c) Panaskan kuali dengan api sederhana dan cairkan sedikit mentega.
d) Letakkan kepingan roti yang telah dicelup dalam kuali dan masak sehingga perang keemasan pada setiap sisi.
e) Hidangkan roti bakar Perancis dengan gerimis madu, ditaburi dengan gula-gula sarang lebah yang dihancurkan.
f) Nikmati roti bakar Perancis gula-gula sarang lebah yang manis dan rangup ini.

61.Toast Perancis Dalgona

BAHAN-BAHAN:
- 2 sudu besar kopi segera
- 2 sudu besar gula
- 2 sudu besar air panas
- 4 keping roti
- 2 biji telur
- ½ cawan susu
- 1 sudu teh ekstrak vanila
- Mentega, untuk memasak

ARAHAN:

a) Dalam mangkuk, pukul bersama kopi segera, gula, dan air panas sehingga pekat dan berbuih.

b) Dalam hidangan cetek, pukul bersama telur, susu, dan ekstrak vanila.

c) Celupkan setiap keping roti ke dalam adunan telur, salutkan kedua-dua belah.

d) Lipat perlahan-lahan separuh adunan Dalgona yang disebat ke dalam adunan telur yang tinggal.

e) Panaskan kuali atau griddle dengan api sederhana dan cairkan mentega.

f) Masak hirisan roti yang telah direndam sehingga perang keemasan di kedua-dua belah.

g) Hidangkan roti bakar Perancis dengan sedikit adunan Dalgona yang tinggal di atasnya.

62.Roti Bakar Perancis Pavlova

BAHAN-BAHAN:
- 4 keping roti
- 3 biji telur
- ½ cawan susu
- ½ sudu teh ekstrak vanila
- ¼ sudu teh kayu manis
- 2 kerang Pavlova mini, hancur
- Mentega, untuk memasak
- Krim putar, untuk dihidangkan
- Beri campuran, untuk dihidangkan

ARAHAN

a) Dalam hidangan cetek, pukul bersama telur, susu, ekstrak vanila, dan kayu manis.

b) Celupkan setiap keping roti dalam adunan telur, pastikan salut kedua-dua belah.

c) Panaskan kuali di atas api sederhana dan cairkan sedikit mentega.

d) Masukkan kepingan roti ke dalam kuali dan masak sehingga perang keemasan di kedua-dua belah.

e) Hidangkan roti bakar Perancis dengan krim putar, buah beri campuran dan cengkerang Pavlova mini yang hancur.

63. Gulung Roti Bakar Perancis Nutella dan Cinnamon

BAHAN-BAHAN:
- 8 keping roti bakar
- 2 biji telur
- 4 sudu besar susu
- Nutella, secukup rasa
- 2 sudu besar kayu manis
- 3 sudu besar gula
- mentega, secukup rasa

ARAHAN:
a) Potong kerak roti bakar.
b) Gunakan rolling pin untuk meratakan roti bakar.
c) Dalam mangkuk, pukul telur dan susu.
d) Campurkan gula dan kayu manis di atas pinggan.
e) Sapukan Nutella pada roti bakar dan gulungkannya dengan ketat.
f) Celupkan roti bakar Perancis ke dalam adunan telur dan goreng dalam kuali dengan mentega hingga garing.
g) Canai roti bakar Perancis dalam adunan gula dan kayu manis dan nikmati dengan kopi untuk sarapan pagi atau sarapan lewat pagi.

64. Roti Bakar Perancis Black Forest

BAHAN-BAHAN:
- 2 keping roti challah, dihiris tebal
- 2 biji telur
- 2 - 3 sudu besar setengah setengah, atau susu
- 4 - 6 sudu besar gula
- 2 - 3 sudu besar koko Hershey, lebih kurang tanpa gula.
- 1 sudu teh vanila
- 1 sudu teh kayu manis, dikisar
- 1 secubit garam
- 2 - 3 sudu besar keju krim, atau keju krim disebat

TOPPING UNTUK FRENCH TOAST
- 1 botol sirap coklat gelap khas Hershey
- 1 balang pengawet ceri masam atau jem ceri masam
- 1 balang griottine (ceri dalam kirsch)
- 1 tin krim putar
- ¼ c cip coklat separa manis

ARAHAN:

a) Dapatkan mangkuk saiz yang agak besar untuk menyediakan adunan untuk mencelup roti bakar.

b) Masukkan telur anda dan pukul. Kemudian masukkan separuh & separuh, vanila, kayu manis, stevia, dan koko Hershey.

c) Pukul semua ini bersama-sama. Ia akan mengambil sedikit pukulan untuk memasukkan coklat tetapi ia akan selepas beberapa minit.

d) Panaskan ketuhar kepada 350 atau gunakan ketuhar pembakar roti.

e) Panaskan minyak atau mentega dalam kuali.

f) Sekarang ambil satu keping roti dan celupkan ke dalam adunan untuk mengenyangkan, balikkan dan dapatkan bahagian lain juga. Ulang untuk kepingan yang lain.

g) Goncangkan lebihan, dan masukkan ke dalam kuali untuk memasak. Masak sehingga kedua-dua bahagian elok dan perang rangup.

h) Letakkan satu keping roti bakar di atas pinggan dan tambah sedikit keju krim dan di atasnya dengan cip coklat.

i) Tambah hirisan roti bakar anda yang lain di atas. Sekarang, letakkan 2 keping roti bakar anda dalam bekas pembakar dan ke dalam ketuhar/atau ketuhar pembakar roti selama kira-kira 5 minit sehingga cip cair. Keluarkan dan pinggan.

j) Masukkan sedikit ceri masam di atas roti bakar dengan beberapa sudu cecair manis. Tambah krim putar anda, tambah 3 atau 4 Griottine & satu sudu atau lebih kirsch di atasnya, dan sirap sirap coklat Hershey anda ke seluruh roti bakar Perancis.

k) Tambah beberapa cip coklat lagi...kini anda sudah bersedia untuk makan Toast Perancis paling dekaden yang pernah anda makan. Nikmati setiap gigitan!

65.Toast Perancis Kek Keju Strawberi

BAHAN-BAHAN:
- ½ cawan krim keju, dilembutkan
- 2 Sudu besar gula halus
- 2 Sudu besar pengawet strawberi
- 8 keping roti putih negara
- 2 biji telur
- ½ cawan setengah setengah
- 2 Sudu besar gula
- 4 sudu besar mentega, dibahagikan

ARAHAN:

a) Satukan krim keju dan gula tepung dalam mangkuk kecil; gaul sebati. Kacau dalam pengawet.

b) Sapukan campuran keju krim secara merata ke atas 4 keping roti; atas dengan kepingan yang tinggal untuk membentuk sandwic.

c) Pukul bersama telur, setengah setengah, dan gula dalam mangkuk sederhana; mengetepikan.

d) Cairkan 2 sudu besar mentega dalam kuali besar dengan api sederhana. Celupkan setiap sandwic ke dalam adunan telur, tutup sepenuhnya kedua-dua belah.

e) Masak 2 sandwic pada satu masa selama satu hingga 2 minit setiap sisi, atau sehingga keemasan.

f) Cairkan baki mentega dan masak baki sandwic seperti yang diarahkan.

66. Toast Perancis PB&J

BAHAN-BAHAN:
- 4 keping roti
- 2 biji telur
- ¼ cawan susu
- 2 sudu besar mentega kacang
- 2 sudu besar jeli buah atau jem
- Mentega atau semburan masak untuk memasak

ARAHAN

a) Pukul bersama telur dan susu dalam mangkuk cetek.

b) Sapukan mentega kacang dan jeli atau jem pada dua keping roti dan atas dengan baki dua keping untuk membuat sandwic.

c) Celupkan sandwic dalam adunan telur, pastikan untuk menyalut kedua-dua belah.

d) Panaskan mentega atau semburan masak dalam kuali nonstick yang besar di atas api sederhana.

e) Masak sandwic selama 2-3 minit setiap sisi, sehingga perang keemasan.

f) Hidangkan panas dan nikmati!

67. Toblerone French Toast

BAHAN-BAHAN:
- 3 keping Roti Perancis
- 2 biji telur dipukul ringan
- ⅔ cawan susu
- 1 sudu teh ekstrak vanila
- ¼ sudu teh garam
- 1 cawan serbuk keropok graham
- mentega
- 6 marshmallow besar dibelah dua
- Toblerone bersaiz penuh , dipecah menjadi segi empat tepat
- Sirap maple untuk hidangan

ARAHAN

a) Dalam mangkuk cetek atau pinggan pai, pukul bersama telur, susu, vanila dan garam.

b) Celupkan roti ke dalam adunan telur, salut setiap sisi.

c) Tekan kedua-dua belah roti ke dalam serbuk keropok graham.

d) Cairkan kira-kira ½ sudu besar mentega pada griddle atau kuali nonstick untuk setiap keping roti.

e) Masak sehingga perang dan garing, kemudian balikkan ke sisi lain, masukkan sedikit lagi mentega ke dalam kuali terlebih dahulu.

f) Semasa masih panas, susun hirisan roti bakar Perancis, lapisan marshmallow dan coklat Toblerone di antaranya.

g) Potong separuh untuk 2 hidangan.

68.Roti Bakar Perancis Oreo

BAHAN-BAHAN:
- 3 biji telur besar
- ¼ cawan susu
- 1 sudu teh ekstrak vanila
- 10 biji Oreo, hancurkan
- 6 keping brioche
- 4 sudu besar mentega tanpa garam, untuk menggoreng

ARAHAN:

a) Pecahkan telur anda ke dalam mangkuk cetek dan tambah susu dan ekstrak vanila.

b) Pukul hingga rata dan ketepikan.

c) Hancurkan Oreo anda dan masukkannya ke dalam mangkuk cetek kedua. Sebaik-baiknya, anda akan mempunyai beberapa Oreo dihancurkan menjadi habuk halus dengan beberapa ketulan yang lebih besar lagi.

d) Masukkan kira-kira 2 sudu besar mentega ke dalam kuali besar dan panaskan dengan api sederhana.

e) Dengan cepat, celupkan satu keping roti pada satu masa dalam basuhan telur, salut kedua-dua belah dan kemudian alihkannya ke mangkuk anda dengan Oreo yang dihancurkan.

f) Kemudian, pindahkan roti bersalut ke dalam kuali panas anda, goreng selama kira-kira 3 minit pada setiap sisi.

g) Ulang untuk semua 6 keping roti, tambah mentega ke dalam kuali seperti yang diperlukan.

h) Letakkan roti bakar Perancis pada lembaran pembakar yang dialas dengan kertas pacmen atau tikar pembakar yang boleh diguna semula dan panaskan dalam ketuhar pada 200°F sehingga sedia untuk dihidangkan.

69. Roti Bakar Perancis Nutella

BAHAN-BAHAN:
- ¼ cawan Nutella
- 2 biji telur, dipukul
- 1 sudu besar ekstrak vanila
- 4 keping roti
- ½ sudu teh kayu manis tanah
- 1 pisang, dihiris
- 2 sudu besar mentega
- ¼ cawan susu coklat

ARAHAN:
a) Letakkan Nutella pada sebelah dua keping roti sebelum di topping dengan hirisan pisang.
b) Letakkan kepingan roti yang tinggal di atas untuk membentuk dua sandwic.
c) Campurkan kayu manis, susu coklat, ekstrak vanila dan telur dalam mangkuk bersaiz sederhana dan celupkan sandwic tersebut ke dalamnya sepenuhnya untuk disalut .
d) Masak sandwic ini dengan api perlahan dalam mentega panas selama kira-kira 6 minit pada setiap sisi.
e) Hidang.

70.S'mores French Toast

BAHAN-BAHAN:
- 3 keping Roti Perancis
- 2 biji telur dipukul ringan
- ⅔ cawan susu
- 1 sudu teh ekstrak vanila
- ¼ sudu teh garam
- 1 cawan serbuk keropok graham
- mentega
- 6 marshmallow besar dibelah dua
- 2 bar Hershey bersaiz penuh dipecahkan kepada segi empat tepat
- Sirap maple dan/atau sos fudge untuk dihidangkan

ARAHAN

a) Dalam mangkuk cetek atau pinggan pai, pukul bersama telur, susu, vanila dan garam.

b) Celupkan roti ke dalam adunan telur, salut setiap sisi.

c) Tekan kedua-dua belah roti ke dalam serbuk keropok graham.

d) Cairkan kira-kira ½ sudu besar mentega pada griddle atau kuali nonstick untuk setiap keping roti. Masak sehingga perang dan garing, kemudian balikkan ke sisi lain, masukkan sedikit lagi mentega ke dalam kuali terlebih dahulu.

e) Semasa masih panas, susun hirisan roti bakar Perancis, lapisan marshmallow dan coklat di antaranya.

f) Potong separuh untuk 2 hidangan.

71. Marshmallow French Toast Rolls

BAHAN-BAHAN:
UNTUK GILIRAN:
- 8 keping roti sandwic putih
- ½ cawan marshmallow mini
- ½ cawan cip coklat mini
- 1 Sudu besar mentega

UNTUK CAMPURAN TELUR COKLAT:
- 2 biji telur besar
- 3 Sudu besar susu
- ½ sudu besar ekstrak vanila
- 1 Sudu besar serbuk koko

UNTUK CAMPURAN COKLAT-GULA:
- ⅓ cawan gula pasir
- 1 sudu teh kayu manis
- 1 Sudu besar serbuk koko

ARAHAN:
a) Potong kerak dari setiap keping roti dan ratakan hirisan dengan pin rolling.
b) Letakkan marshmallow mini dan cip coklat di dalam ke arah satu hujung kepingan roti.
c) Gulung roti dengan ketat. Ulangi dengan kepingan roti yang tinggal.
d) Sediakan campuran telur coklat: dalam mangkuk cetek, pukul bersama telur, susu, ekstrak vanila, dan satu sudu serbuk koko. Kacau hingga sebati.
e) Sediakan campuran coklat-gula: di atas pinggan, campurkan gula, kayu manis, dan satu sudu serbuk koko. Mengetepikan.
f) Panaskan set kuali dengan api sederhana dan cairkan mentega.
g) Celupkan setiap gulungan dalam adunan telur coklat, salut dengan baik, dan masukkan ke dalam kuali. Masak mereka sehingga perang keemasan pada semua sisi, kira-kira 2 minit setiap sisi. Masukkan mentega ke dalam kuali mengikut keperluan.
h) Ambil setiap gulungan yang telah dimasak dari kuali dan gulung segera ke dalam adunan coklat-gula sehingga ditutup dengan gula sepenuhnya.

72. Toast Perancis Pecan

BAHAN-BAHAN:
- 4 keping roti tebal (putih, brioche, atau challah)
- 4 sudu besar sos karamel masin
- ½ cawan pecan, dicincang
- 3 biji telur besar
- ½ cawan susu
- 1 sudu teh ekstrak vanila
- Mentega untuk memasak
- Krim putar untuk topping (pilihan)

ARAHAN:

a) Sapukan sos karamel masin pada satu sisi setiap keping roti.

b) Taburkan pecan cincang di atas sos karamel dan tutup dengan kepingan roti yang tinggal untuk membuat sandwic.

c) Dalam mangkuk cetek, pukul bersama telur, susu, dan ekstrak vanila.

d) Panaskan kuali besar tidak melekat atau griddle di atas api sederhana dan cairkan sedikit mentega.

e) Celupkan setiap sandwic yang disumbat ke dalam adunan telur, salutkannya pada kedua-dua belah.

f) Letakkan sandwic yang dicelup ke dalam kuali panas dan masak sehingga perang keemasan pada setiap sisi, kira-kira 3-4 minit setiap sisi.

g) Hidangkan roti bakar Perancis hangat-hangat, dihiasi dengan sebiji krim putar dan sedikit tambahan sos karamel masin.

73. Toast Perancis Mascarpone Blueberry

BAHAN-BAHAN:
- 4 keping roti tebal (putih, brioche, atau challah)
- 4 sudu besar keju mascarpone
- 1 cawan beri biru segar
- Perahan 1 lemon
- 3 biji telur besar
- ½ cawan susu
- Mentega untuk memasak
- Kulit lemon dan gula halus untuk topping

ARAHAN:

a) Sapukan keju mascarpone pada satu sisi setiap keping roti.

b) Taburkan blueberry segar di atas keju mascarpone dan taburkan dengan kulit limau. Tutup dengan kepingan roti yang tinggal untuk membuat sandwic.

c) Dalam mangkuk cetek, pukul bersama telur dan susu.

d) Panaskan kuali besar tidak melekat atau griddle di atas api sederhana dan cairkan sedikit mentega.

e) Celupkan setiap sandwic yang disumbat ke dalam adunan telur, salutkannya pada kedua-dua belah.

f) Letakkan sandwic yang dicelup ke dalam kuali panas dan masak sehingga perang keemasan pada setiap sisi, kira-kira 3-4 minit setiap sisi.

g) Hidangkan roti bakar Perancis hangat-hangat, dihiasi dengan kulit lemon tambahan dan taburan gula tepung.

74. Roti Bakar Perancis Berbalut Bacon

BAHAN-BAHAN:

SOS:
- 4 sudu besar mentega tanpa garam
- ½ cawan sirap maple
- 3 sudu besar krim kental
- 2 sudu besar tequila
- ⅛ sudu teh garam
- 1 sudu besar jus limau nipis

ROTI BAKAR:
- 8 hirisan bacon salai kayu keras
- 4 keping (tebal 1 inci) roti brioche atau challah
- 5 biji telur besar
- ⅔ cawan susu
- 1 sudu teh ekstrak vanila
- ⅛ sudu teh garam

ARAHAN

a) Panaskan ketuhar hingga 375° F.
b) Cairkan mentega dalam periuk kecil dengan api sederhana.
c) Masukkan sirap maple, krim, tequila, dan garam.
d) Bawa hingga mendidih dan masak, kacau selalu, sehingga sedikit pekat kira-kira 5 minit. Angkat dari api dan masukkan jus limau nipis .
e) Susun 2 keping bacon di sekeliling sisi setiap kuali mini bentuk spring, bertindih mengikut keperluan supaya ia hanya di sekeliling sisi dan bukan di bahagian bawah kuali.
f) Potong dan potong kepingan roti mengikut keperluan supaya anda boleh memasukkannya ke dalam setiap kuali dengan bacon "di sekelilingnya".
g) Pukul bersama telur, susu, vanila, dan garam dalam mangkuk. Sudukan atau tuangkan adunan ke atas kepingan roti, berhenti mengikut keperluan untuk membiarkan cecair diserap.
h) Biarkan selama 10 minit, cucuk hirisan dengan garpu sekali atau dua kali. Letakkan kuali springform ke atas loyang.
i) Bakar sehingga telur telah ditetapkan dan roti bakar Perancis telah mengembang kira-kira 23-25 minit. Keluarkan puding roti dari kuali dan sudukan sos di atasnya untuk dihidangkan.

75. Açaí French Toast Bites

BAHAN-BAHAN:
- 2 biji telur
- ¼ cawan krim kelapa
- 1 sudu teh serbuk Açaí
- secubit garam
- Separuh roti asam keping
- minyak kelapa untuk memasak
- gula untuk disalut
- Sirap maple untuk dihidangkan

ARAHAN:

a) Pukul bersama telur, krim kelapa, Açaí , dan garam dalam mangkuk.

b) Keluarkan kerak dari roti dan potong segi empat sama.

c) Panaskan sedikit minyak kelapa dalam kuali besar dan kerjakan dalam kelompok, toskan roti melalui campuran telur, goncang lebihan, dan letakkan dalam kuali.

d) Putar kiub kerana ia keemasan pada setiap sisi.

e) Setelah masak pada semua bahagian keluarkan dari kuali dan terus ke dalam gula dan toskan hingga bersalut.

f) Ulangi dengan baki roti dan hidangkan dengan sirap maple.

76.Pink Lemon ade roti Bakar

BAHAN-BAHAN:
- 1 Loaf doh roti Perancis beku
- ½ cawan Tepung
- 1 sudu besar Gula
- ½ sudu teh Garam
- 6 biji telur
- 2 sudu besar kulit limau parut
- 1 sudu teh ekstrak lemon
- Pewarna makanan merah jambu
- 2 cawan Susu
- Mentega atau marjerin cair

ARAHAN:

a) Sediakan satu keping roti Perancis seperti yang diarahkan pada bungkusan. Sejuk. Simpan semalaman.

b) Potong kepada 12 kepingan yang sama, kira-kira 1 inci tebal.

c) Pukul bersama tepung, gula, garam dan telur.

d) Kacau perlahan-lahan dalam susu, kulit limau, ekstrak lemon, dan pewarna makanan.

e) Rendam roti dalam adunan hingga tepu.

f) Panaskan mentega dalam kuali. Masak kepingan di atas api sederhana pada setiap sisi sehingga perang keemasan.

g) Hidangkan hangat dengan buah, madu, gula tepung, jem atau sirap maple.

77.Lasagna Toast Perancis Apple

BAHAN-BAHAN:
- 1 cawan krim masam
- ⅓ cawan gula perang; dibungkus
- 12 keping roti bakar Perancis beku
- ½ paun ham rebus
- 2½ cawan keju Cheddar; dicincang
- 1 tin inti pai epal
- 1 cawan Granola

ARAHAN:

a) Dalam mangkuk kecil, gabungkan gula dan krim masam; tutup dan sejukkan.

b) Letakkan 6 keping roti bakar Perancis di bahagian bawah loyang 9 x 13 yang telah digris. Lapiskan ham, 2 cawan keju, dan baki 6 keping roti bakar Perancis dalam kuali.

c) Sebarkan pengisian di atas; taburkan granola ke atas epal. Bakar dalam ketuhar 350F yang telah dipanaskan terlebih dahulu selama 25 minit.

d) Teratas dengan baki ½ cawan keju cheddar; bakar lagi 5 minit sehingga keju cair dan kaserol panas. Hidangkan dengan campuran krim masam.

78. Wonton French Toast

BAHAN-BAHAN:
- 12 bungkus wonton
- 2 biji telur
- ½ cawan susu
- 1 sudu teh ekstrak vanila
- ½ sudu teh kayu manis tanah
- ¼ sudu teh pala tanah
- 2 sudu besar mentega tanpa garam
- Gula tepung dan sirap maple untuk dihidangkan

ARAHAN:

a) Dalam hidangan cetek, pukul bersama telur, susu, ekstrak vanila, kayu manis yang dikisar, dan buah pala yang dikisar.

b) Cairkan mentega dalam kuali tidak melekat dengan api sederhana.

c) Celupkan setiap pembungkus wonton ke dalam adunan telur, pastikan untuk menyalut kedua-dua belah.

d) Letakkan pembungkus wonton dalam kuali dan masak sehingga perang keemasan, kira-kira 1-2 minit setiap sisi.

e) Hidangkan wonton French toast panas-panas, ditaburi gula tepung dan disiram dengan sirap maple.

79. Roti Bakar Perancis Peach dan Keju Krim

BAHAN-BAHAN:
- 4 keping roti
- 4 auns krim keju, dilembutkan
- 1 pic, diadu dan dicincang
- 1 sudu besar madu
- 2 biji telur
- ½ cawan susu
- ½ sudu teh ekstrak vanila
- Mentega untuk memasak

ARAHAN
a) Dalam mangkuk kecil, campurkan keju krim, pic cincang, dan madu.
b) Sapukan adunan krim keju ke atas dua keping roti.
c) Teratas dengan baki keping roti untuk membuat dua sandwic.
d) Dalam mangkuk yang berasingan, pukul bersama telur, susu dan ekstrak vanila.
e) Celupkan setiap sandwic dalam adunan telur, pastikan untuk menyalut kedua-dua belah.
f) Cairkan mentega dalam kuali dengan api sederhana.
g) Masak sandwic sehingga perang keemasan di kedua-dua belah.
h) Hidangkan segera dan nikmati.

80.Toast Perancis wain merah

BAHAN-BAHAN:
- 4 cawan wain putih manis atau susu
- 1 batang kayu manis
- 1 oren, diperah
- ½ cawan gula
- 6 biji telur, dipukul perlahan
- 1 keping roti Perancis, dihiris hirisan 1 inci, basi
- minyak zaitun atau minyak lain untuk menggoreng
- 1 sudu teh kayu manis dicampur dengan 2 sudu besar gula
- sayang

ARAHAN

a) Dalam periuk sederhana campurkan wain, kayu manis, kulit oren, dan gula.

b) Panaskan dengan api sederhana sehingga wain mula mendidih dan gula telah larut.

c) Keluarkan kuali dari api dan biarkan campuran berdiri selama 10 minit, untuk curam.

d) Sementara itu, tuangkan telur yang telah dipukul ke dalam mangkuk cetek.

e) Apabila anda sudah bersedia untuk membuat roti bakar Perancis anda, tuangkan ½ inci minyak ke dalam kuali yang lebar dan dalam. Panaskan minyak hingga 375F.

f) Rendam sekeping roti dalam wain selama 5 saat setiap sisi, sehingga lembap. Biarkan roti mengalir semasa anda mengangkatnya dari cecair.

g) Celupkan kepingan yang telah direndam dalam telur yang telah dipukul untuk menyalut kedua-dua belah.

h) Goreng roti dalam minyak panas selama 1-2 minit pada setiap sisi, sehingga keemasan. Keluarkan roti dari minyak dan letakkan di atas pinggan beralaskan tuala kertas.

i) Teruskan dengan kepingan roti yang tinggal.

j) Hidangkan torrijas di atasnya dengan gula kayu manis atau madu. Jika dikehendaki, tuangkan baki campuran wain yang diselitkan ke atas torrijas untuk dihidangkan.

81. Toast Perancis Sumbat Ube

BAHAN-BAHAN:
- 3 biji telur besar
- ¾ cawan santan dalam tin
- Garam kosher
- 4 auns keju krim, pada suhu bilik
- ½ cawan ube halaya, tambah lagi untuk dihidangkan
- ½ sudu teh ekstrak ube
- 4 keping roti challah
- 1 sudu besar minyak kelapa, dibahagikan
- Gula manisan, untuk hiasan
- Kelapa parut tanpa gula, dibakar, untuk dihidangkan
- Sirap maple, untuk hidangan

ARAHAN:

a) Dalam hidangan cetek yang besar, pukul bersama telur, santan dan ¼ sudu teh garam. Letakkan di sebelah dapur.

b) Dalam mangkuk sederhana, tambah keju krim, ube halaya, dan secubit garam. Pukul dengan mixer tangan elektrik sehingga kembang dan sebati.

c) Masukkan ekstrak ube dan pukul sehingga sebati. Pindahkan inti ube ke dalam beg pastri yang besar dan potong hujungnya.

d) Dengan pisau pengupas kecil, potong poket mendatar ke bahagian bawah setiap kepingan roti. Paipkan sedikit isi ube ke dalam poket setiap kepingan roti, gerakkan hujungnya untuk mengisi secara sekata.

e) Panaskan kuali nonstick yang besar di atas api sederhana-perlahan. Masukkan separuh minyak kelapa dan biarkan cair.

f) Bekerja dengan dua keping roti pada satu masa, celupkan ke dalam kastard selama kira-kira 10 saat pada setiap sisi. Pindahkan terus ke kuali. Masak sehingga perang keemasan, 4 hingga 5 minit pada setiap sisi.

g) Ulang dengan baki minyak kelapa dan hirisan roti.

h) Untuk menghidangkan, potong setiap roti bakar Perancis separuh menyerong. Teratas dengan gula kuih-muih, kelapa parut dan sebiji ube halaya. Hidangkan bersama sirap maple.

82. Roti Bakar Perancis Red Velvet

BAHAN-BAHAN:
- 8 keping brioche
- 3 biji telur besar
- 1 cawan separuh dan separuh krim 10%MF
- 2 sudu besar gula pasir
- 1 sudu besar ekstrak vanila
- 2 sudu besar serbuk koko
- 2-3 sudu besar pewarna makanan merah
- ¼ sudu teh garam
- 2-3 sudu besar mentega atau minyak, untuk menggoreng
- aising krim keju

ARAHAN

a) Panaskan ketuhar hingga 250F.

b) Letakkan kepingan brioche pada loyang dan bakar selama 15-20 minit, atau sehingga ia kering sedikit. Sejukkan hirisan sepenuhnya. Pukul telur, krim, gula, vanila, serbuk koko, pewarna makanan, dan garam bersama-sama.

c) Tuangkan adunan telur ke atas kepingan.

d) Putar hirisan setiap beberapa minit dan sudukan adunan di atasnya sehingga hampir semuanya diserap. Lebih kurang 10 minit.

e) Panaskan kuali dengan api sederhana. Masukkan mentega, kemudian masukkan kepingan ke dalam kuali. Masak selama 2-3 minit setiap sisi, atau sehingga perang.

83. Soufflé Roti Bakar Perancis

BAHAN-BAHAN:
- 10 cawan kiub roti putih
- Pakej 8 auns krim keju rendah lemak dilembutkan
- 8 biji telur
- 1 ½ cawan susu
- ⅔ cawan setengah setengah krim
- ½ cawan sirap maple
- ½ sudu teh ekstrak vanila
- 2 sudu besar gula manisan

ARAHAN:

a) Letakkan kiub roti dalam loyang 9x13 inci yang telah digris ringan.

b) Dalam mangkuk besar, pukul keju krim dengan pengadun elektrik pada kelajuan sederhana sehingga licin.

c) Masukkan telur satu persatu, gaul rata selepas setiap penambahan.

d) Kacau dalam susu, separuh dan separuh , sirap maple, dan vanila sehingga adunan sebati.

e) Tuangkan campuran keju krim ke atas roti; tutup, dan sejukkan semalaman.

f) Keesokan paginya, keluarkan Soufflé dari peti sejuk dan biarkan berdiri pada suhu bilik selama 30 minit. Sementara itu, panaskan ketuhar hingga 375 darjah F.

g) Bakar, tanpa penutup, selama 30 minit dalam ketuhar yang telah dipanaskan terlebih dahulu, atau sehingga pisau yang dimasukkan ke tengah keluar bersih.

h) Taburkan dengan gula manisan, dan hidangkan hangat.

84. Toast Perancis Sumbat Cannoli

BAHAN-BAHAN:
- 1 cawan keju ricotta
- ¼ cawan gula tepung
- ½ sudu teh ekstrak vanila
- ⅓ cawan cip coklat separa manis
- 2 biji telur besar
- ¼ cawan krim berat (atau susu)
- 4 keping roti Perancis
- 2 sudu besar mentega
- Gula tepung untuk dihidangkan

ARAHAN:

a) Dalam mangkuk kecil, satukan keju ricotta, gula tepung, dan ekstrak vanila. Masukkan cip coklat mini. Mengetepikan.

b) Dalam mangkuk cetek atau pinggan pai, pukul telur dan krim pekat bersama-sama. Sapukan 2 keping roti dengan campuran ricotta, kira-kira ½ cawan setiap keping.

c) Letakkan kepingan roti yang lain di atas dan tekan perlahan-lahan. Berhati-hati celupkan kedua-dua belah setiap sandwic ke dalam adunan telur sehingga bersalut dengan baik.

d) Dalam kuali besar, cairkan mentega. Masukkan sandwic toast Perancis dan masak sehingga keemasan, kira-kira 4 minit setiap sisi.

e) Potong sandwic separuh pada pepenjuru dan pindahkannya ke pinggan.

f) Taburkan dengan gula manisan dan hidangkan segera.

85. Toast Perancis Bakar Dulang Dengan Dadih Yuzu

BAHAN-BAHAN:
- mentega cair untuk digris
- 6 keping roti
- 1 cawan susu
- 8 biji telur
- ½ cawan krim
- 2 sudu besar gula rapadura
- ¼ sudu teh serpihan garam laut
- 1 sudu teh serbuk vanila atau ekstrak
- gula aising, hingga habuk
- dadih yuzu, untuk dihidangkan
- beri, untuk berkhidmat
- krim putar, untuk dihidangkan

UNTUK YUZU CURD
- 2 biji telur
- 3 biji kuning telur
- 160 g gula kastor
- 80 g mentega sejuk
- 80 ml jus yuzu

ARAHAN:
a) Panaskan ketuhar pada suhu 180C. Griskan dulang pembakar segi empat tepat ukuran asas 20X30cm dengan mentega.
b) Susun roti dalam dulang pembakar.
c) Satukan susu, telur, krim, gula, garam, dan vanila dalam mangkuk. Pukul hingga pucat dan kembang.
d) Tuangkan ke atas roti, pastikan semuanya ditutup dengan adunan telur. Tekan ke bawah tepi dan sudut untuk memastikan ia tenggelam. Berdiri selama 10 minit.
e) Letakkan loyang di dalam ketuhar dan bakar selama 20-25 minit sehingga keemasan dan kembang. Keluarkan dari ketuhar dan sejukkan sedikit.
f) Potong bahagian dan hidangkan dengan beri, dadih yuzu, krim dan taburi dengan gula aising.
Untuk Membuat Dadih Yuzu
g) Pukul telur, kuning telur, dan gula bersama dalam mangkuk besar sehingga pucat dan gebu. Tuangkan ke dalam periuk beralas berat dengan api perlahan.

h) Masukkan jus yuzu dan mentega. Reneh perlahan-lahan, kacau sentiasa sehingga adunan mula pekat dan menyaluti bahagian belakang sudu kacau.

i) Keluarkan dari haba dan tapis ke dalam balang kaca. Tutup dengan kerajang berpaut sehingga sejuk sepenuhnya. Tutup penutup yang ketat pada balang dan simpan di dalam peti sejuk sehingga sepuluh hari.

86. Roti bakar Perancis yang dibakar dengan kayu manis epal

BAHAN-BAHAN:
- 1 paun Sebuku roti Perancis
- Semburan masak nonstick
- 8 Telur besar; dipukul sedikit
- 3½ cawan susu skim
- 1 cawan Gula; dibahagikan
- 1 sudu besar ekstrak Vanila
- 6 epal sederhana; kupas/inti/hiris nipis
- 3 sudu teh kayu manis dikisar
- 1 sudu teh pala dikisar
- 1 sudu besar Mentega

ARAHAN:

a) Potong roti menjadi kepingan 1½ inci.

b) Salutkan kuali 9 kali 13 inci dengan semburan masak nonstick dan bungkus roti padat ke dalam kuali.

c) Dalam mangkuk besar, kacau bersama telur, susu, ½ cawan gula, dan vanila.

d) Tuang separuh adunan telur ke atas kepingan roti.

e) Edarkan kepingan epal ke atas roti secara merata. Teratas dengan baki adunan telur.

f) mangkuk kecil gabungkan baki ½ cawan gula, kayu manis, dan buah pala. Taburkan di atas epal. Titik dengan mentega. Tutup dan sejukkan semalaman.

g) Keesokan harinya, buka loyang dan bakar dalam ketuhar 350 darjah yang telah dipanaskan selama 1 jam. Keluarkan dari ketuhar dan biarkan selama 10 hingga 15 minit. Potong empat segi dan hidangkan hangat.

87. Roti Bakar Putar Perancis Cranberry Bakar

BAHAN-BAHAN:
- 16-auns roti putar kayu manis, dipotong dadu
- ¾ cawan cranberi kering manis
- 6 biji telur, dipukul
- 3 cawan setengah setengah atau susu
- 2 sudu teh ekstrak vanila
- Hiasan: gula kayu manis atau gula tepung, mentega disebat, sirap maple

ARAHAN:
a) Satukan kiub roti dan kranberi dalam pinggan mangkuk cetek 3 liter yang telah digris.
b) Dalam mangkuk, pukul bersama telur, setengah setengah, atau susu, dan vanila; tuang atas adunan roti tadi.
c) Tutup dan sejukkan selama satu jam atau semalaman.
d) Mendedahkan; bakar pada 350 darjah selama 45 minit, atau sehingga keemasan dan ditetapkan di tengah.
e) Taburkan dengan gula kayu manis atau gula halus.
f) Hidangkan atasnya dengan mentega putar dan sirap maple.

88. Krim Blueberry dengan Toast Perancis

BAHAN-BAHAN:
- 2 biji telur, dipukul
- 4 keping roti
- 3 sudu besar gula
- 1½ cawan serpihan jagung
- ⅓ cawan susu
- ¼ sudu teh buah pala
- 4 sudu besar keju berperisa beri
- ¼ sudu teh garam

ARAHAN:
a) Panaskan Air Fryer anda hingga 400 darjah F.
b) Dalam mangkuk, campurkan gula, telur, pala, garam, dan susu. Dalam mangkuk yang berasingan, campurkan blueberry dan keju.
c) Ambil 2 keping roti dan tuangkan adunan blueberry ke atas kepingan tersebut.
d) Teratas dengan adunan susu. Tutup dengan baki dua keping untuk membuat sandwic. Korek sandwic di atas emping jagung untuk menyalutinya dengan baik.
e) Letakkan sandwic di dalam bakul memasak penggoreng udara anda dan masak selama 8 minit.
f) Hidangkan dengan beri dan sirap.

89.Pai Labu Toast Perancis

BAHAN-BAHAN:
- 1 keping roti Perancis, Itali, challah atau Hawaii, dipotong menjadi kepingan 1 inci
- 3 biji telur, dipukul
- 1½ cawan susu
- 1 cawan setengah setengah
- ½ cawan pengganti telur
- 1 Sudu besar rempah pai labu
- 1 sudu teh ekstrak vanila
- ¼ sudu teh garam
- ½ cawan gula perang, dibungkus
- 1 sudu besar mentega, dihiris

ARAHAN:
a) hirisan roti di bahagian bawah loyang 13"x9" yang telah digris.
b) Pukul telur, susu, separuh setengah, pengganti telur, rempah, vanila, dan garam. Kacau dalam gula perang; tuang adunan atas hirisan roti.
c) Sejukkan, bertutup, semalaman. Letakkan bahagian atas dengan mentega dan bakar, tanpa penutup, pada suhu 350 darjah selama 40 hingga 45 minit.

90.Toast Perancis Bakar Biji Popi Lemon

BAHAN-BAHAN:
- 1 keping roti Perancis, dipotong menjadi kepingan 1 inci
- Perahan 2 biji lemon
- ¼ cawan biji popia
- 4 biji telur besar
- 1 cawan susu
- ½ cawan gula pasir
- 1 sudu teh ekstrak vanila
- Lemon glaze untuk hidangan (pilihan)

ARAHAN:

a) Griskan loyang 9x13 inci dan susun hirisan roti dalam satu lapisan.

b) Taburkan kulit limau dan biji popia secara rata ke atas kepingan roti.

c) Dalam mangkuk besar, pukul bersama telur, susu, gula, dan ekstrak vanila.

d) Tuang adunan telur secara rata ke atas kepingan roti, pastikan semua kepingan bersalut .

e) Tutup loyang dengan kerajang dan sejukkan sekurang-kurangnya 1 jam atau semalaman.

f) Panaskan ketuhar hingga 375°F (190°C).

g) Keluarkan kerajang dari hidangan pembakar dan bakar roti bakar Perancis selama 25-30 minit, sehingga perang keemasan dan bahagian tengah ditetapkan.

h) Hidangkan hangat dengan renyai-renyai lemon glaze, jika mahu.

91.Roti Bakar Perancis dengan Nanas & Keju

BAHAN-BAHAN:
- 1 keping roti Perancis, dipotong menjadi kepingan 1 inci
- 8 auns keju krim, dilembutkan
- 1 tin (20 auns) nanas hancur, toskan
- ½ cawan gula pasir
- 4 biji telur besar
- 1 cawan susu
- 1 sudu teh ekstrak vanila
- Mentega untuk melincirkan hidangan pembakar

ARAHAN:

a) Griskan loyang 9x13 inci dengan mentega dan susun hirisan roti dalam satu lapisan.

b) Dalam mangkuk sederhana, campurkan keju krim lembut, nanas hancur, dan gula pasir sehingga sebati.

c) Sapukan campuran keju krim dan nanas secara rata ke atas kepingan roti.

d) Dalam mangkuk yang berasingan, pukul bersama telur, susu, dan ekstrak vanila.

e) Tuang adunan telur rata ke atas kepingan roti, pastikan semua kepingan bersalut .

f) Tutup loyang dengan foil dan sejukkan semalaman.

g) Panaskan ketuhar hingga 350°F (175°C).

h) Keluarkan kerajang dari hidangan pembakar dan bakar roti bakar Perancis selama 40-45 minit, sehingga perang keemasan dan bahagian tengah ditetapkan.

i) Hidangkan hangat dan nikmati roti bakar Perancis yang lazat dengan topping keju nanas.

j) Anda juga boleh taburkan roti bakar Perancis yang dibakar dengan gula tepung atau hidangkan dengan sedikit sirap maple untuk rasa manis tambahan jika mahu. Nikmati!

92.Ham dan swiss Cheese French toast

BAHAN-BAHAN:
- 1 keping roti Perancis, dipotong menjadi kepingan 1 inci
- 8 auns ham masak, dihiris atau dipotong dadu
- 8 auns keju Swiss, dicincang
- 6 biji telur besar
- 2 cawan susu
- 1 sudu besar mustard Dijon
- 1 sudu teh sos Worcestershire
- ½ sudu teh garam
- ¼ sudu teh lada hitam
- Mentega untuk melincirkan hidangan pembakar

ARAHAN:

a) Griskan loyang 9x13 inci dengan mentega dan susun separuh daripada kepingan roti dalam satu lapisan.

b) Taburkan separuh daripada ham yang dimasak secara merata ke atas kepingan roti, diikuti dengan separuh daripada keju Swiss yang dicincang.

c) Lapiskan kepingan roti yang tinggal di atas, diikuti dengan baki ham dan keju Swiss.

d) Dalam mangkuk sederhana, pukul bersama telur, susu, mustard Dijon, sos Worcestershire, garam, dan lada hitam sehingga sebati.

e) Tuangkan adunan telur secara rata ke atas lapisan roti dalam loyang, pastikan semua roti direndam.

f) Tutup loyang dengan foil dan sejukkan semalaman.

g) Panaskan ketuhar hingga 350°F (175°C).

h) Keluarkan kerajang dari hidangan pembakar dan bakar kaserol roti bakar Perancis selama 40-45 minit, sehingga perang keemasan dan bahagian tengah ditetapkan.

i) Biarkan ia sejuk selama beberapa minit sebelum dihidangkan.

j) Hiris menjadi empat segi dan sajikan hangat sebagai kaserol roti bakar Perancis yang lazat dan lazat dengan ham dan keju Swiss.

k) Anda juga boleh menghidangkannya bersama salad atau buah segar untuk hidangan lengkap. Nikmati!

93. Roti bakar Perancis kismis bakar

BAHAN-BAHAN:
- 1 keping roti Perancis, dipotong menjadi kepingan 1 inci
- 1 cawan kismis
- 4 biji telur besar
- 1 ½ cawan susu
- ¼ cawan gula pasir
- 1 sudu teh ekstrak vanila
- ½ sudu teh kayu manis tanah
- ¼ sudu teh pala dikisar
- Mentega untuk melincirkan hidangan pembakar

ARAHAN:
a) Griskan loyang 9x13 inci dengan mentega dan susun hirisan roti dalam satu lapisan.
b) Taburkan kismis rata ke atas kepingan roti.
c) Dalam mangkuk sederhana, pukul bersama telur, susu, gula pasir, ekstrak vanila, kayu manis, dan buah pala sehingga sebati.
d) Tuangkan adunan telur secara rata ke atas kepingan roti, pastikan semua kepingan bersalut dan kismis tenggelam.
e) Tekan perlahan pada kepingan roti untuk membantu mereka menyerap adunan telur.
f) Tutup loyang dengan foil dan sejukkan semalaman.
g) Panaskan ketuhar hingga 350°F (175°C).
h) Keluarkan foil dari hidangan pembakar dan bakar roti bakar Perancis selama 35-40 minit, sehingga perang keemasan dan bahagian tengah ditetapkan.
i) Biarkan ia sejuk selama beberapa minit sebelum dihidangkan.
j) Hidangkan hangat dan nikmati roti bakar Perancis kismis panggang yang lazat.
k) Anda boleh menghidangkannya dengan taburan gula tepung, sirap maple atau sedikit krim putar jika dikehendaki. Nikmati!

94.Roti bakar Perancis nog telur bakar

BAHAN-BAHAN:
- 1 keping roti Perancis, dipotong menjadi kepingan 1 inci
- 6 biji telur besar
- 2 cawan eggnog
- ¼ cawan gula pasir
- 1 sudu teh ekstrak vanila
- ½ sudu teh pala tanah
- Mentega untuk melincirkan hidangan pembakar
- Gula tepung untuk habuk (pilihan)

ARAHAN:
a) Griskan loyang 9x13 inci dengan mentega dan susun hirisan roti dalam satu lapisan.
b) Dalam mangkuk besar, pukul bersama telur, eggnog, gula pasir, ekstrak vanila, dan buah pala sehingga sebati.
c) Tuangkan adunan eggnog secara rata ke atas kepingan roti, pastikan semua kepingan bersalut.
d) Tekan perlahan pada kepingan roti untuk membantu mereka menyerap campuran eggnog.
e) Tutup loyang dengan kerajang dan sejukkan semalaman, biarkan roti menyerap rasa.
f) Panaskan ketuhar hingga 350°F (175°C).
g) Keluarkan foil dari hidangan pembakar dan bakar roti bakar Perancis selama 35-40 minit, sehingga perang keemasan dan bahagian tengah ditetapkan.
h) Biarkan ia sejuk selama beberapa minit sebelum dihidangkan.
i) Taburkan dengan gula tepung, jika mahu.
j) Hidangkan hangat dan nikmati roti bakar Perancis eggnog bakar yang lazat.

95.Roti Bakar Perancis Kahlua

BAHAN-BAHAN:
- 4 keping roti
- 2 biji telur
- ¼ cawan susu
- 2 sudu besar Kahlua
- 1 sudu besar mentega
- Sirap maple (untuk hidangan)
- Gula halus (untuk hiasan)

ARAHAN:

a) Dalam hidangan cetek, pukul bersama telur, susu, dan Kahlua.

b) Celupkan setiap keping roti ke dalam adunan telur, salutkan kedua-dua belah secara rata.

c) Panaskan mentega dalam kuali dengan api sederhana. Masak hirisan roti yang telah direndam sehingga perang keemasan pada setiap sisi.

d) Hidangkan roti bakar Perancis Kahlua panas dengan sirap maple dan taburan gula tepung.

96. Roti Bakar Perancis Peach Jack Daniel

BAHAN-BAHAN:
ROTI BAKAR:
- 1 Keping Roti Perancis
- 7 biji telur
- 1 ½ Cawan Susu
- ⅓ Cawan Gula
- 1 sudu teh Vanila
- 1 sudu teh Kayu Manis

TOPPING PEACH:
- 6 buah pic dibuang dan dihiris
- 1 sudu besar Gula
- 1 sudu teh Kayu Manis

TOPPING SOS:
- ⅓ Cawan Mentega Cair
- ½ Cawan Gula Perang
- ⅓ Cawan Gula
- 1 sudu teh Vanila
- 1 sudu teh Kayu Manis
- ½ cawan Jack Daniel

ARAHAN

a) Potong roti Perancis menjadi kepingan sekitar ½-¾ inci.
b) Susun kepingan di bahagian bawah loyang kaca 9 X 13 inci yang telah digris.
c) Pukul telur, susu, vanila, dan kayu manis.
d) Tuang adunan telur rata ke atas roti.
e) Letakkan pic dalam mangkuk adunan dan salutkan dengan gula dan kayu manis.
f) Susun pic di atas bahagian atas roti Perancis.
g) Tutup dan sejukkan selama 8 jam semalaman.
h) Pada waktu pagi, panaskan ketuhar hingga 350 darjah.
i) Letakkan roti bakar Perancis di dalam ketuhar dan bakar selama kira-kira 35 minit sehingga roti mula keperangan.
j) Sediakan topping sos semasa roti bakar Perancis dibakar.
k) Cairkan ⅓ C. mentega dalam periuk kecil.
l) Campurkan gula perang dan putih, Jack Daniel's, vanila, dan kayu manis.
m) Tuangkan sos hangat ke atas roti bakar Perancis sebelum dihidangkan.

97. Amaretto French Toast

BAHAN-BAHAN:
- 4 keping roti
- 2 biji telur
- ¼ cawan susu
- 2 sudu besar amaretto
- ¼ sudu teh kayu manis
- ¼ sudu teh ekstrak vanila
- Mentega, untuk menggoreng

ARAHAN

a) Dalam mangkuk, pukul bersama telur, susu, amaretto, kayu manis, dan ekstrak vanila.

b) Celupkan setiap keping roti ke dalam adunan telur, pastikan salut kedua-dua belah.

c) Cairkan mentega dalam kuali dengan api sederhana.

d) Masukkan kepingan roti ke dalam kuali dan masak selama 2-3 minit pada setiap sisi, sehingga perang keemasan.

e) Hidangkan panas bersama sirap dan buah-buahan segar.

98.Roti Bakar Perancis Berduri Bailey

BAHAN-BAHAN:
- 1 keping roti asam
- 3 biji telur besar, dipukul
- ¼ Cawan Krim Ireland Bailey
- 1 sudu teh ekstrak vanila tulen
- 1 sudu teh Kayu Manis

UNTUK SOS COKLAT
- 4 auns coklat gelap
- 2 sudu besar krim putar berat
- 1 ½ sudu teh Bailey's Irish Cream

UNTUK KRIM SEBAT
- ½ cawan krim putar berat
- 2 sudu besar Gula tepung

ARAHAN

a) Potong roti mengikut ketebalan yang dikehendaki.

b) Pecahkan telur dalam loyang 9×9". Pukul sehingga ringan dan gebu. Tambah Bailey, ekstrak vanila, dan kayu manis. Pukul sebati sehingga sebati.

c) Letakkan roti dalam kuali dan rendam setiap sisi selama sekurang-kurangnya 10 minit.

d) Panaskan kuali dengan api sederhana tinggi. Sembur sedikit dengan semburan masak. Letakkan roti yang telah direndam ke dalam kuali dan masak selama kira-kira 1 minit pada setiap sisi sehingga perang sedikit. Keluarkan roti dari kuali dan ketepikan sehingga semua roti masak.

e) Semasa memasak roti bakar Perancis, sediakan sos coklat. Dalam cawan penyukat kaca atau mangkuk selamat gelombang mikro lain, gabungkan 4 auns coklat gelap dengan 2 sudu besar krim pekat. Ketuhar gelombang mikro pada suhu tinggi selama 45-60 saat. Keluarkan dari microwave dan pukul sehingga rata. Masukkan Bailey's Irish Cream dan pukul ke dalam coklat cair.

f) Hidangkan dengan krim putar buatan sendiri jika mahu. Sediakan krim putar dengan menggabungkan krim putar berat dan gula tepung dalam mangkuk adunan anda. Pukul pada kelajuan tinggi sehingga puncak kaku terbentuk; lebih kurang 3-4 minit. Letakkan krim putar di dalam peti sejuk sehingga siap.

g) Hidangkan roti bakar Perancis dengan sos coklat dan krim putar.

99. Roti Bakar Perancis Grand Marnier

BAHAN-BAHAN:
- 4 keping tebal roti brioche atau challah
- 3 biji telur besar
- ½ cawan susu
- 2 sudu besar minuman keras Grand Marnier
- 1 sudu besar gula
- ½ sudu teh ekstrak vanila
- Mentega untuk memasak

ARAHAN:

a) Dalam mangkuk cetek, pukul bersama telur, susu, Grand Marnier, gula dan ekstrak vanila.

b) Panaskan kuali besar tidak melekat atau griddle di atas api sederhana dan cairkan sedikit mentega.

c) Celupkan setiap keping roti ke dalam adunan telur, biarkan ia meresap selama beberapa saat pada setiap sisi.

d) Letakkan roti yang dicelup ke dalam kuali panas dan masak sehingga perang keemasan pada setiap sisi, kira-kira 2-3 minit setiap sisi.

e) Hidangkan roti bakar Perancis hangat dengan topping kegemaran anda seperti sirap, gula tepung atau buah segar.

100.Roti Bakar Perancis Rum dan Kelapa

BAHAN-BAHAN:
- 4 keping tebal roti Perancis
- 3 biji telur besar
- ½ cawan santan
- 2 sudu besar rum
- 2 sudu besar kelapa parut
- 1 sudu besar gula
- Mentega untuk memasak

ARAHAN:

a) Dalam mangkuk cetek, pukul bersama telur, santan, rum, kelapa parut, dan gula.

b) Panaskan kuali besar tidak melekat atau griddle di atas api sederhana dan cairkan sedikit mentega.

c) Celupkan setiap keping roti ke dalam adunan telur, biarkan ia meresap selama beberapa saat pada setiap sisi.

d) Letakkan roti yang dicelup ke dalam kuali panas dan masak sehingga perang keemasan pada setiap sisi, kira-kira 2-3 minit setiap sisi.

e) Hidangkan roti bakar Perancis hangat dengan kelapa parut tambahan dan sedikit sirap maple.

KESIMPULAN

Semasa kami mengakhiri penerokaan kami tentang "Seni dan Penguasaan Roti Bakar Serius Baik", kami mengucapkan terima kasih kerana menyertai kami dalam pengembaraan yang diilhamkan oleh roti bakar ini. Kami berharap 100 resipi ini telah meningkatkan penghargaan anda terhadap kesederhanaan dan kepelbagaian sarapan klasik ini, menjadikan setiap kepingan menjadi kanvas untuk kreativiti masakan.

Buku masakan ini lebih daripada panduan; ini adalah jemputan untuk meneruskan penerokaan masakan anda di luar halaman ini. Sambil anda menikmati suapan terakhir ciptaan roti bakar anda yang sangat sedap, kami menggalakkan anda untuk mencuba, berinovasi dan menjadikan setiap pagi sebagai perayaan perisa. Semoga kegembiraan membuat dan menikmati roti bakar yang benar-benar enak kekal di dapur anda, mencipta detik-detik kegembiraan dan inspirasi.

Terima kasih kerana membenarkan kami menjadi sebahagian daripada rutin sarapan pagi anda. Sehingga laluan kita bersilang lagi dalam alam pengembaraan kulinari, semoga pagi anda dipenuhi dengan seni dan penguasaan roti bakar yang sangat sedap. Bersorak untuk membakar kecemerlangan!

www.ingramcontent.com/pod-product-compliance
Lightning Source LLC
Chambersburg PA
CBHW071856110526
44591CB00011B/1435